Kaiser
Personalwirtschaft

Praxis der Unternehmensführung

Thomas Kaiser

Personalwirtschaft

Personalbedarf
Personalbeschaffung
Personalentwicklung
Personaleinsatz
Entgelt- und Sozialpolitik
Arbeitsrechtliche Rahmenbedingungen
Arbeitsgerichtsbarkeit

GABLER

Die Deutsche Bibliothek – CIP-Einheitsaufnahme

Kaiser, Thomas:
Personalwirtschaft : Personalbedarf, Personalbeschaffung,
Personalentwicklung, Personaleinsatz ; Entgelt- und
Sozialpolitik ; arbeitsrechtliche Rahmenbedingungen,
Arbeitsgerichtsbarkeit / Thomas Kaiser. – 1. Auflage –
Wiesbaden : Gabler, 1994
  (Praxis der Unternehmensführung)
  ISBN 978-3-409-13996-0   ISBN 978-3-322-94455-9 (eBook)
  DOI 10.1007/978-3-322-94455-9

1. Auflage 1994

Der Gabler Verlag ist ein Unternehmen der Verlagsgruppe Bertelsmann International.
© Betriebswirtschaftlicher Verlag Dr. Th. Gabler GmbH, Wiesbaden 1994
Lektorat: Dr. Walter Nachtigall

Höchste inhaltliche und technische Qualität unserer Produkte ist unser Ziel. Bei der Produktion und Verbreitung unserer Bücher wollen wir die Umwelt schonen. Dieses Buch ist auf säurefreiem und chlorfrei gebleichtem Papier gedruckt. Die Buchverpackung besteht aus Polyäthylen und damit aus organischen Grundstoffen, die weder bei der Herstellung noch bei der Verbrennung Schadstoffe freisetzen.

Die Wiedergabe von Gebrauchsnamen, Handelsnamen, Warenbezeichnungen usw. in diesem Werk berechtigt auch ohne besondere Kennzeichnung nicht zu der Annahme, daß solche Namen im Sinne der Warenzeichen- und Markenschutz-Gesetzgebung als frei zu betrachten wären und daher von jedermann benutzt werden dürften.

Umschlaggestaltung: Susanne Ahlheim AGD, Weinheim
Satz: ITS Text und Satz GmbH, Herford

ISBN 978-3-409-13996-0

Inhalt

VI

1 Bedeutung und Aufgaben der Personalwirtschaft

Personalarbeit kann auch in der betrieblichen Praxis von heute verschiedene *Bedeutungsinhalte* haben, je nachdem, welche Wichtigkeit die Unternehmensleitung der Personalwirtschaft beimißt. Diese Inhalte lassen sich wie folgt beschreiben:

– Personalwirtschaft als *Personalverwaltung*: Unter dieser Sichtweise hat die Personalwirtschaft eine nachrangige und im negativen Sinne verstandene ausschließlich dienende Funktion. Mitarbeiter werden „neutral", d.h. neben Maschinen, Rohstoffen u.a. als weiterer Faktor der Leistungserstellung angesehen. Es werden überwiegend aktuelle Probleme gelöst, die Leitidee ist Kostenminimierung.

– Personalwirtschaft im Sinne von *Personalplanung und -politik*: Hierbei handelt es sich um einen wesentlich umfassenderen Inhalt. Die Personalwirtschaft wird als Teil der gesamten Unternehmenspolitik verstanden und besitzt einen hohen Stellenwert. Neben der wichtigen Tagesarbeit bestehen ein starker Zukunftsbezug und eine Betonung personalwirtschaftlicher Grundsatzentscheidungen, wie beispielsweise die Erarbeitung von Einstellungsprinzipien, Führungsrichtlinien, Motivationssystemen etc.

Betrachtet man die *Entwicklung* der Personalwirtschaft in den beiden letzten Jahrzehnten, fällt ihre zunehmende Bedeutung auf. Diese Entwicklung ist im wesentlichen zurückzuführen auf (vgl. auch Hentze, – im Lit. verz.):

– die Erkenntnis, daß wirtschaftlicher Erfolg zunehmend von der Qualität der Mitarbeiter abhängt,

1

– technologische Veränderungen, die andere Anforderungen an Qualifikation und Leistungsvermögen der Mitarbeiter stellen,

– Entwicklungen des Arbeitsmarktes, z.B. Facharbeitermangel,

– Forderungen der Gesellschaft nach Humanisierung der Arbeitswelt,

– Veränderungen des gesetzlichen Rahmens, die den Arbeitnehmern mehr Mitsprache ermöglichen.

Vor diesem Hintergrund ist moderne und zeitgemäße Personalarbeit nicht mehr nur ein „Anhängsel", das notwendige Verwaltungsarbeit leistet. Vielmehr steht die Personalwirtschaft gleichberechtigt neben Beschaffungs-, Produktions-, Absatz-, Finanz- und Informationswirtschaft als unternehmerische Aufgabe mit Sitz und Stimme in der Firmenleitung.

Die *Aufgabe* einer solchen Personalwirtschaft ist es, Bestand und Entwicklung des Unternehmen zu erhalten und auszubauen, indem leistungsbereite Mitarbeiter (und selbstverständlich immer auch Mitarbeiterinnen) mit geeigneter Qualifikation am rechten Ort und zur rechten Zeit zur Verfügung stehen.

Bei der Erfüllung dieser Aufgaben muß die Personalarbeit sowohl *ökonomische Ziele* (größtmögliche Wirtschaftlichkeit personalwirtschaftlicher Maßnahmen) als auch *soziale Ziele* (Eingehen auf individuelle Bedürfnisse der Mitarbeiter wie z.B. Sicherheit, Zufriedenheit, Gerechtigkeit) verfolgen.

2 Personalbedarfsermittlung

2.1 Begriffsbestimmung

Eine im Hinblick auf den Fortbestand des Unternehmens besonders wichtige Funktion des Personalwesens ist die Personalbedarfsermittlung bzw. -planung. Ihre Hauptaufgabe besteht darin, personelle Kapazität, die zur Erfüllung der betrieblichen Aufgaben notwendig ist, zu bestimmen, und zwar in quantitativer, in qualitativer und in zeitlicher Hinsicht. Das bedeutet, daß sie bezüglich der Zahl und der Qualifikation sowie des Einsatzzeitpunktes und der -dauer der benötigten Mitarbeiter Aussagen machen muß. Quantitative und qualitative Personalbedarfsermittlung werden in der Praxis simultan durchgeführt. Im folgenden werden sie jedoch aus Gründen der deutlicheren Darstellung getrennt behandelt.

2.2 Bedarfsarten

Da die Planung des Personalbedarfs in seiner Gesamtheit ein komplexes Problem ist, wird durch die Einteilung des Gesamtbedarfs in verschiedene Arten das Verfahren vereinfacht und das Ergebnis somit verbessert.

Zunächst kann der Bedarf im Hinblick auf den Zeitpunkt seines Entstehens gemäß folgender Abbildung in *kurz-, mittel- und langfristigen* Personalbedarf gegliedert werden:

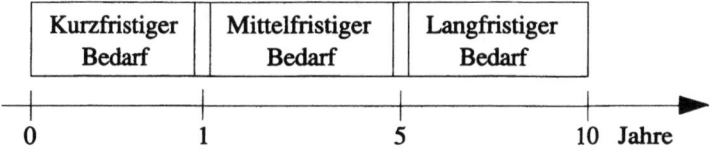

3

Ferner kann ein ermittelter Bedarf seiner Bezugsbasis entsprechend in *Brutto- und Nettobedarf* unterteilt werden. Der Bruttobedarf ergibt sich aus den zugrundeliegenden Arbeitsaufgaben ohne Berücksichtigung vorhandener Mitarbeiter (auch potentieller Personalbedarf bzw. Soll-Bestand genannt), während der Nettobedarf die zugrundeliegenden Arbeitsaufgaben mit Berücksichtigung vorhandener Mitarbeiter darstellt (auch aktueller Personalbedarf genannt).

Führt die Personalbedarfsermittlung zu einem Netto-Bedarf, ist also der Soll-Bestand an einem zukünftigen Zeitpunkt t1 größer als der Ist-Bestand in t1, so teilt sich dieser in einen *Ersatz- und Zusatzbedarf* auf. Der Ersatzbedarf entsteht durch ausgeschiedene oder versetzte Mitarbeiter, während der Zusatzbedarf stets durch Kapazitätsausweitungen verursacht wird.

Führt dagegen die Planung nicht zu einem Netto-Bedarf, folglich ist das Soll kleiner als das Ist in t1, so spricht man von einem *Freisetzungsbedarf*.

2.3 Die quantitative Personalbedarfsermittlung

Die Beantwortung der Frage, wie viele Mitarbeiter zu einem bestimmten Zeitpunkt t1 benötigt werden (ausgehend von einem Ist-Bestand zu einem bestimmten Planungszeitpunkt t0), ist mit verschiedenen Methoden möglich.

Zunächst kann die Personalbedarfsermittlung mittels recht globaler Methoden wie *Schätzen* sowie mit Hilfe *statistischer Methoden* wie Trendhochrechnung, Korrelations- und Regressionsrechnung erfolgen. Alle diese Vorgehensweisen gehen von Daten der Vergangenheitsentwicklung aus. Ihre Anwendung erfolgt mit Methoden der Statistik.

In der Praxis verbreitet ist auch die *Bestimmung des quantitativen Personalbedarfs mittels eines Schemas*, das von einem Ist-Bestand in t0 ausgeht, diesen um Ab- und Zugänge innerhalb der Planungsperiode verändert und zu einem Ist-Bestand in t1 kommt. Durch Abgleichen dieses Ist-Bestandes mit den Soll-Werten in t1 ergibt sich dann eine Überdeckung (= Freisetzungsbedarf) bzw. eine Unterdeckung (= Netto-Bedarf).

Ist-Bestand zum Zeitpunkt t0
− Abgänge im Zeitraum t0 − t1 (z. B. durch Beförderungen, Versetzungen, Pensionierungen, Kündigungen)   + Zugänge im Zeitraum t0 − t1 (z. B. durch Übernahme aus dem Ausbildungsverhältnis, Neueinstellungen, Versetzungen, Beförderungen)
= Ist-Bestand zum Zeitpunkt t1
Soll-Bestand zum Zeitpunkt t1   = Überdeckung/Unterdeckung

Bei der Bestimmung des Bedarfs nach diesem Schema bedient sich die Personalbedarfsplanung einiger Planungshilfen bzw. Hilfsmittel: des Stellenplanes und des Stellenbesetzungsplanes.

Der *Stellenplan* ist ein Soll-Plan. Er enthält nach Anzahl und Bezeichnung alle Stellen, die im Unternehmen zur Zielerreichung bestehen sollen. Dem Stellenplan ist folglich der Soll-Bestand in t1 zu entnehmen. Ein Beispiel für einen Stellenplan wird in Abb. 1 gezeigt.

Der *Stellenbesetzungsplan* dagegen gibt Auskunft darüber, ob und durch wen die einzelnen Stellen besetzt sind. Er kann auch weitere Informationen über den Stelleninhaber, wie Alter, Einstellungsdatum, Lohn- und Gehaltsstufe, enthalten. Folglich ist im Stellenbe-

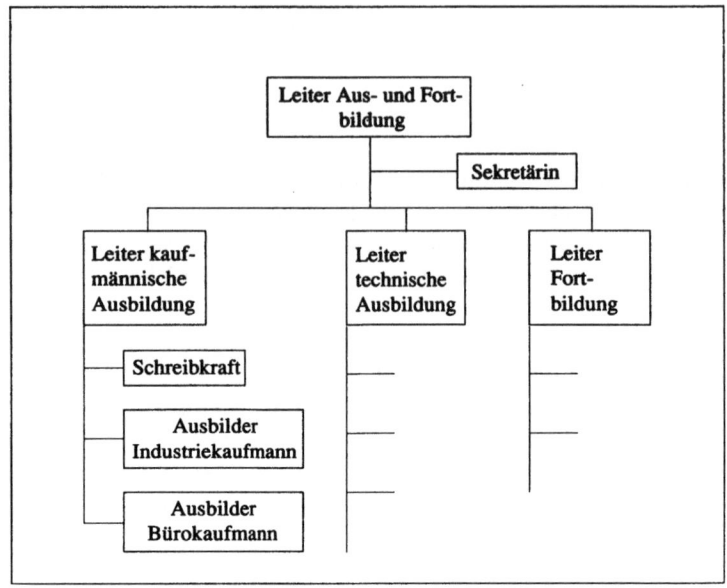

Abbildung 1: Auszug aus einem Stellenplan der Abteilung Aus-
und Fortbildung eines Großunternehmens

setzungsplan der Ist-Bestand in t0 ausgewiesen. Sein Aufbau ist
dem des Stellenplans ähnlich, er enthält aber mehr Daten. Ein
Beispiel ist Abb. 2 zu entnehmen.

2.4   Die qualitative Personalbedarfsermittlung

Wie eingangs in diesem Kapitel erwähnt, gehört zur Personalbedarfsermittlung neben der Mengenplanung auch die Bestimmung
der Qualität der zu besetzenden Stelle. Es müssen somit die Anforderungen betrachtet werden. die der Arbeitsplatz an den Stelleninhaber stellt. Zur Ermittlung dieser Anforderungen kennt die Perso-

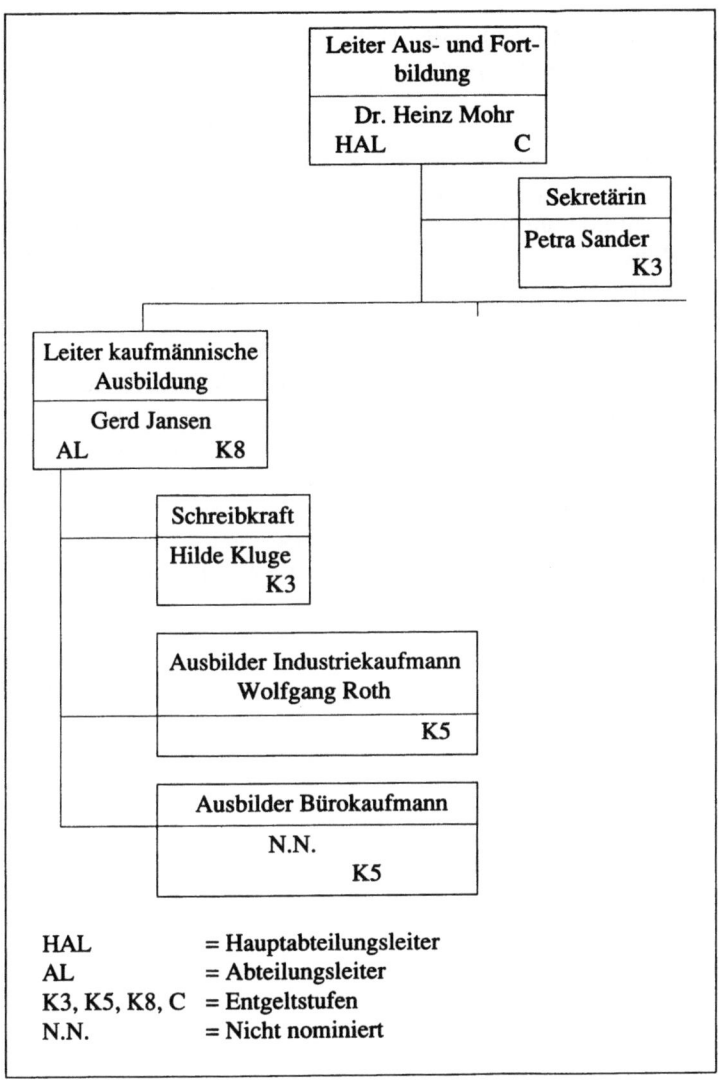

| Leiter Aus- und Fort-bildung |
| Dr. Heinz Mohr |
| HAL C |

| Sekretärin |
| Petra Sander |
| K3 |

| Leiter kaufmännische Ausbildung |
| Gerd Jansen |
| AL K8 |

| Schreibkraft |
| Hilde Kluge |
| K3 |

| Ausbilder Industriekaufmann |
| Wolfgang Roth |
| K5 |

| Ausbilder Bürokaufmann |
| N.N. |
| K5 |

HAL	= Hauptabteilungsleiter
AL	= Abteilungsleiter
K3, K5, K8, C	= Entgeltstufen
N.N.	= Nicht nominiert

Abbildung 2: Auszug aus einem Stellenbesetzungsplan der Abteilung Aus- und Fortbildung

nalplanung wiederum einige Hilfsmittel: die *Stellenbeschreibung* und das *Anforderungsprofil.*

Die *Stellenbeschreibung* ist eine schriftliche Darstellung des Arbeitsplatzes, die in detaillierter Form die Darstellung der Tätigkeiten, die organisatorische Einordnung sowie die spezifischen Leistungsanforderungen der Stelle enthält. Sie gibt dem Personalplaner Hinweise auf Anforderungsarten und -höhe der zu besetzenden Position. Der Aufbau einer Stellenbeschreibung ist auf den folgenden Seiten beispielsweise dargestellt.

Ein weiteres Hilfsmittel zur Bestimmung der Anforderungen eines Arbeitsplatzes ist das *Anforderungsprofil.* Es baut auf die Stellenbeschreibung auf und enthält die Ausprägung einzelner Anforderungsarten einer Stelle. Dieses Anforderungsprofil ist auch für die Auswahlentscheidung im Rahmen der Personalbeschaffung von Bedeutung, worauf im Abschnitt 3 eingegangen wird. Ein Beispiel für ein Anforderungsprofil ist in folgender Abbildung dargestellt.

	gering	mittel	hoch
	1 2	3 4	5
Anforderungsintensität	— | — |	— | — |	—
Körperliche Belastbarkeit			
Bewegungsgenauigkeit			
Sehschärfe			
Selbständigkeit			
Sorgfalt			
Konzentrationsvermögen			

Abbildung 3: Beispiel für ein Anforderungsprofil

Ausgabe Anzahl Blätter	**Stellenbeschreibung**	
Stellenbezeichnung	Übergeordnete Stelle	R/ST
		Datum
Stelleninhaber	Vorgesetzter	
Vertritt	Nachgeordnete Stellen	
Wird vertreten von		

I. Stellenziel(e)

II. Hauptaufgaben

Lfd. Nr.	III. Einzelaufgaben	Zeit in %

Lfd. Nr.	IV. Sonderaufgaben	Zeit in %

V. Mitarbeit in Gremien

Tritt in Kraft am	Nächste Überprüfung	
Unterschriften Stelleninhaber	Vorgesetzter	Nächsthöherer Vorgesetzter

9

| Ausgabe
Blatt | **Stellenanforderungen** | |

I. Kenntnisse

Nennen Sie bitte die unter heutigen Bildungsverhältnissen erforderliche Schul- und Berufsausbildung, ggf. Zusatzausbildung und Studium, die bei der Besetzung der Stelle von einem normal begabten Bewerber erwartet werden, damit er die in der Stellenbeschreibung fixierten Aufgaben befriedigend wahrnehmen kann. Bitte beachten Sie, daß nicht nach dem derzeitigen Kenntnisstand des Stelleninhabers gefragt ist:

— Erforderlicher Schulabschluß

— Erforderliche Berufsausbildung

— Erforderliche Zusatzausbildung

— Studium Fachhochschule (Fach)

Hochschule (Fach)

Wissenschaftliche Zusatzausbildung

II. Erfahrung

Hier wird das Mindestmaß an beruflicher Erfahrung erfragt, wie sie von einem Bewerber mit obigem Kenntnisstand verlangt wird. Bitte quantifizieren Sie die erforderliche Berufserfahrungszeit in Monaten bzw. Jahren:

— Berufserfahrung gesamt (wieviel?)

— Davon Erfahrung im eigenen Unternehmen (wieviel?)

— Davon Auslandserfahrung notwendig? ja ☐ nein ☐

— Davon Managementerfahrung notwendig? ja ☐ nein ☐

III. Handlungsspielraum

In welchem Rahmen von Weisungsgebundenheit und Kontrolle bewegt sich der Stelleninhaber?

— Weisungsgebundenheit	gering	mittel	hoch	sehr hoch
— Kontrolle	gering	mittel	hoch	sehr hoch

10

Ausgabe Blatt	**Stellenanforderungen**	

IV. Entscheidungsspielraum

Welche wichtigen Entscheidungen hat der Stelleninhaber regelmäßig selbständig zu treffen (einschließlich Personalentscheidungen)?

____

____

____

____

V. Kontakte

Ist Kontaktaufnahme und -pflege erforderlich, und wie erfolgt die Kontaktaufnahme?

	keine	kaum	nach Regeln und Vorschrift	mit Eigeninitiative	beträchtliche Eigeninitiative	zur höchsten Ebene
innerhalb des Untern.						
außerhalb des Untern.						

Mit welchen Organisationseinheiten sind Kontakte aufzunehmen und regelmäßig zu halten?

intern: extern:

____

VI. Führungsverantwortung

Hat der Stelleninhaber Mitarbeiter zu führen? ja ☐ nein ☐

Wenn ja: Wieviel insgesamt? __________
Wieviel davon direkt unterstellt? __________
Welche berufliche Qualifikation (s. Punkt 1) haben die direkt unterstellten Mitarbeiter überwiegend?

VII. Budgetverantwortung

Hat der Stelleninhaber ein Budget? ja ☐ nein ☐

Wenn ja: Wie hoch sind die gesamten Stellenkosten? ☐ Mio DM

Abbildung 4: Aufbau einer Stellenbeschreibung

Erläuterungen zur Stellenbeschreibung

Kopfzeilen
Als Stellenbezeichnung wird die Benennung der Stelle lt. Organisationsplan eingetragen (AT). Liegt eine solche Bezeichnung nicht vor, kann ersatzweise die Tätigkeitsbenennung eingesetzt werden (Tarif). Sie soll einen Hinweis über die in der Stelle auszuübenden Tätigkeiten geben; z.b. Konstrukteur, Verkaufskorrespondent, Stenokontoristin, Locherin, Stenotypistin, Werkstattschreiber, Kontokorrentbuchhalter usw.

I. Stellenziel(e)
Als Stellenziel ist das der Stelle von der vorgesetzten Stelle übertragene Teilziel im Rahmen des Unternehmenszweckes in knappen Sätzen aufzuführen. Das Stellenziel soll erreichbar sein und vom Stelleninhaber beeinflußbare Tatbestände betreffen. Das Stellenziel ist die Antwort auf die Frage:
Welche Ergebnisse müssen vorliegen, wenn die Stellenaufgaben gut erfüllt sind?

II. Hauptaufgaben
Hier sind in Kurzform die von der zeitlichen Inanspruchnahme und Bedeutung wichtigsten Aufgaben aufzuführen, die der Stelleninhaber wahrzunehmen hat.

III. Einzelaufgaben
Hier sind die Hauptaufgaben weiter zu untergliedern und so ausführlich darzustellen, daß sich ein neutraler Leser ein eindeutiges Bild über Aufgabenumfang, -inhalt und Kompetenzen des Stelleninhabers machen kann.
Die Aufgaben sind in sachlich zusammenhängende Gruppen zu gliedern und mit einer fortlaufenden Nummer und dem durchschnittlichen Zeitanteil (%) zu versehen. Jede Aufgabe ist möglichst klar, eindeutig und allgemeinverständlich zu beschreiben. Beginnen Sie daher bei der Beschreibung stets mit einem Verb.

12

z. B. Er führt durch   Er plant
       Er erledigt   Er analysiert
       Er verfaßt   Er überwacht
       Er schlägt vor   Er kontrolliert
       Er regt an   Er entscheidet
       Er informiert   Er bestimmt
       Er berät   Er ordnet an

Wenig aussagefähig – und daher zu vermeiden – ist die Aussage wie: Er ist verantwortlich für . . . Auch sollten die folgenden Formulierungen vermieden werden, da sie nicht geeignet sind, die gewünschte Klarheit der Verantwortung herbeizuführen. Er arbeitet mit . . .; Er unterstützt, unter Mitspracherecht von . . .; unter Einschaltung von . . .

Allgemeine Führungsaufgaben, die manchmal auch unter die Sammelbezeichnung ,,Leitung der Abteilung, Gruppe usw." zusammengefaßt werden (z.b. ausreichende Kontrolle oder Sorge für die fachliche Weiterbildung unterstellter Mitarbeiter), sind hier nicht aufzuführen, da sie sich aus den Grundsätzen der Führung von Mitarbeitern ergeben.

IV. *Sonderaufgaben*
Um alle wichtigen Aufgaben des Stelleninhabers darzustellen, sind hier die Aufgaben aufzuzählen, die er im Betriebsinteresse innerhalb und außerhalb des Unternehmens wahrnimmt. Diese Aufgaben müssen keinen unmittelbaren Zusammenhang zum Stellenziel haben. Dazu gehören z.b. Tätigkeiten des Stelleninhabers in Kommissionen, Konferenzen, Ausschüssen, Arbeitskreisen, sofern sie nicht direkt mit der Stelle verbunden sind und daher zu den Hauptaufgaben gehören.

V: *Mitarbeit in Gremien*
Die Gremien sollen hier im einzelnen benannt werden.

13

2.5 Voraussetzungen für die Personalbedarfsermittlung

Wie aus den Erläuterungen zur quantitativen und qualitativen Personalbedarfsplanung erkennbar ist, erfordert eine genaue Bedarfsermittlung viele *Informationen aus anderen Planungsabteilungen* der Unternehmung.

Hier sind insbesondere die Absatz- und Produktionsplanung sowie die Investitionsplanung angesprochen, die Hinweise zur quantitativen Entwicklung des Personalbedarfs liefern. Ebenfalls bekannt sein sollten die Ziele der Rationalisierungs- und Organisationsplanung. Sie können Auswirkungen auf eine qualitative Veränderung des Personalbedarfs aufzeigen, die der Personalbedarfplaner berücksichtigen muß.

Außerdem nützlich ist die *Auswertung von Personalstatistiken.* Hier sind beispielsweise zu nennen:

- Altersstruktur der Mitarbeiter

- Fehlzeitenstatistik

- Fluktuation (unternehmensinterner und -externer Wechsel) der Mitarbeiter

Zur Sicherung des akquisitorischen Potentials sind neben diesen Unternehmensdaten auch *externe Informationen* von Bedeutung. Hier sind insbesondere für die mittel- und langfristige Bedarfsplanung Kenntnisse der

14

- Arbeitsmarktentwicklung

- Arbeitsgesetzgebung

- Tarifentwicklung (z. B. Arbeitszeitverkürzung)

- gesamtwirtschaftliche Entwicklung

wichtige Hintergründe für eine realistische Personalbedarfsermittlung.

3 Personalbeschaffung

3.1 Begriffsbestimmung

Ist der Bedarf an Personal in quantitativer und qualitativer Hinsicht sowie in bezug auf den Bedarfszeitpunkt bestimmt, gilt es diesen zu decken. Aufgabe der Personalbeschaffung ist es daher, Personal zur Beseitigung einer personellen Unterdeckung nach Anzahl (quantitativ), Art (qualitativ) und Zeitpunkt sowie evtl. Dauer bereitzustellen. Dieser Beschaffungsprozeß ist in zwei Phasen zu unterteilen:

1. Festlegen der verschiedenen Beschaffungsinstrumente
2. Personalauswahl

Angemerkt sei hier noch, daß der Begriff *Beschaffung* nach Auffassung des Verfassers nicht sehr zutreffend ist. Denn in der Literatur wird dieser Terminus sowohl für die Bereitstellung von Rohstoffen oder Kapital als auch für die Bereitstellung von Mitarbeitern verwendet. *Personalbeschaffung* als Bezeichnung für die nachfolgend beschriebenen Tätigkeiten hat sich jedoch in der Praxis und Literatur durchgesetzt.

3.2 Instrumente der Personalbeschaffung

Grundsätzlich betrachtet, kann der Ausgleich einer personellen Unterdeckung auf zwei Wegen geschehen:

– *intern* über Mitarbeiter des eigenen Unternehmens durch Versetzungen bzw. Mehrarbeit (wird im folgenden nicht näher erläutert)

- *extern* über Arbeitskräfte von außen durch Neueinstellungen bzw. Personalleasing

3.2.1 Instrumente der internen Personalbeschaffung

Wählt man den Weg der Ausschöpfung des innerbetrieblichen Arbeitskräftepotentials. so bringt dieses Vorgehen sowohl Vor- als auch Nachteile mit sich.

Vorteile sind:

- eine starke Motivation der Mitarbeiter durch innerbetriebliche Aufstiegsmöglichkeiten

- Verwertung bereits gewonnener Erfahrungen im eigenen Unternehmen, damit kürzere Einarbeitungszeit

- Vermeidung mitunter erheblicher Kosten der externen Personalbeschaffung

Mögliche *Nachteile* der internen Mitarbeiterakquirierung können sein:

- weniger Auswahlmöglichkeiten

- Gefahr der sog. Betriebsblindheit, d. h. in die Unternehmung fließen zu wenig neue Ideen und neues Wissen von außen (Abkapselung)

- eine Ablehnung könnte als persönliche Blamage empfunden werden, verbunden mit der Befürchtung von Negativreaktionen des Vorgesetzten

- Auslösung einer Kettenreaktion; Mitarbeiter A hinterläßt durch internen Wechsel in seiner Abteilung 1 eine „Lücke"; Mitarbeiter B aus Abteilung 2 schließt diese „Lücke", reißt jedoch eine in Abteilung 2 etc.

Anzumerken ist hier noch, daß der innerbetrieblichen Personalbeschaffung insofern eine *besondere Bedeutung* zukommt, als das Betriebsverfassungsgesetz dem Betriebsrat das Recht gibt, die innerbetriebliche Ausschreibung von zu besetzenden Arbeitsplätzen zu verlangen (§ 93 BetrVG).

An *Instrumenten* der internen Personalbeschaffung steht der Personalabteilung im wesentlichen folgende Palette zur Verfügung:

- interne Stellenausschreibung

- Auswertung von Initiativbewerbungen eigener Mitarbeiter (Nachwuchskartei)

- Übernahme eigener Auszubildender

Bei der *internen Stellenausschreibung* handelt es sich meist um einen Aushang am Schwarzen Brett, das an einer gut sichtbaren und stark frequentierten Stelle im Unternehmen angebracht sein sollte. Ferner ist die Ausschreibung in der Firmenzeitung möglich. Hier werden in kurzer Form die zu besetzende Stelle und ihr Tätigkeitsfeld benannt und Ansprechpartner genannt, an die die Bewerbung gerichtet werden kann.

Wichtig ist hierbei, daß jede Bewerbung vertraulich behandelt wird. Der Mitarbeiter darf nicht den Eindruck haben, daß eine Ablehnung zu negativen Folgen für ihn führt, da sonst das gesamte System des internen Stellenmarktes zusammenzubrechen droht. Außerdem muß es gelingen, die Vorgesetzten und Führungskräfte vom Nutzen eines internen Marktes zu überzeugen. Bei ihnen sollte die Bereitschaft geweckt werden, auch gute Mitarbeiter für interne Stellenwechsel freizugeben, eine sicherlich schwierige Aufgabe.

18

Hingewiesen werden sollte auf die Möglichkeit bzw. Notwendigkeit, den neuen Mitarbeiter durch Weiterbildungsmaßnahmen auf die Anforderungen des Arbeitsplatzes vorzubereiten. Dadurch kann der zuvor beschriebene Kostenvorteil gegenüber der externen Personalbeschaffung geschmälert werden.

Will ein Mitarbeiter nicht warten, bis eine seinen Fähigkeiten und Wünschen entsprechende Stelle ausgeschrieben wird, so sollte er über die Möglichkeit informiert sein, seine Bewerbung sozusagen auf Warteliste einzureichen. Das bedeutet, daß er sich an die Personalabteilung wendet, die solche Initiativbewerbungen eigener Mitarbeiter sammelt und auswertet und eine Art Nachwuchskartei einrichtet. Bei einem dann später auftretenden Bedarf kann auf ein solches Register zurückgegriffen werden.

Ein weiteres Instrument interner Personalbeschaffung ist die Übernahme eigener Auszubildender. Auch hier kann eine Personalentscheidung auf sicherer Basis gefällt werden, denn der Fachvorgesetzte hat seinen zukünftigen Mitarbeiter unter Umständen bereits während der Ausbildung kennengelernt.

3.2.2 Instrumente der externen Personalbeschaffung

Gelingt es nicht, eine geeignete Besetzung einer vakanten Stelle aus eigenen Reihen vorzunehmen, so bleibt der Weg auf den externen Arbeitsmarkt, indem man sich an potentielle Mitarbeiter außerhalb des eigenen Unternehmens wendet. Zu bedenken bei der externen Beschaffung ist insbesondere eine frühzeitige Auslösung der Aktivitäten. Denn gerade in Zeiten angespannter Arbeitsmarktlage (Führungskräfte- und Facharbeitermangel) dauert es häufig mehrere Monate, bis der geeignete Bewerber gefunden ist. Entsprechend der Darstellung im vorigen Abschnitt zeigen sich auch hier wieder Vor- und Nachteile.

Vorteile der externen Personalbeschaffung sind: eine breite Auswahlmöglichkeit und neue Impulse für das Unternehmen (Know-how-Transfer).

Dem stehen aber auch folgende mögliche *Nachteile* gegenüber: zum Teil erhebliche Beschaffungskosten, negative Auswirkungen auf das Betriebsklima (der „Neue" blockiert Aufstiegsmöglichkeiten), keine Betriebskenntnis, das Risiko einer Fehlbesetzung trotz sorgfältiger Auswahl sowie eventuell höhere Gehaltsforderungen.

Das Unternehmen verfügt im Falle der externen Personalbeschaffung über die nachstehend skizzierten *Instrumente*:

– Zuhilfenahme der Vermittlungsmöglichkeiten der Arbeitsämter

– Zusammenarbeit mit einem Personalberater

– Stellenanzeigen

– Auswertung von Initiativbewerbungen

– Kontakt zu Ausbildungsstätten

– Personalleasing

Ein mögliches Vorgehen ist die Zuhilfenahme der Vermittlungstätigkeit der *Bundesanstalt für Arbeit*. Ihr obliegt in der Bundesrepublik das sogenannte Vermittlungsmonopol, d. h., ihr steht das alleinige Recht auf Vermittlung von Arbeitskräften zu, wovon nur in ganz wenigen Ausnahmen abgewichen werden kann. Zum Zwecke der Vermittlung unterhält die Bundesanstalt örtliche Arbeitsämter, Landesarbeitsämter sowie die Zentralstelle für Arbeitsvermittlung.

Die Inanspruchnahme der Leistung der Arbeitsämter ist in der Praxis sowohl finanziell als auch vom administrativen Einsatz her für das Unternehmen nicht sehr aufwendig. Es empfiehlt sich der persönliche Kontakt zu den zuständigen Sachbearbeitern sowie eine ausführliche Information über die zu besetzende Stelle und ihre Anforderungen. Dadurch wird die Vorauswahl seitens des Arbeitsamtes stark verbessert. Die Zusammenarbeit mit den Arbeitsämtern wird häufig bei der Besetzung von Stellen im unteren Bereich der Betriebshierarchie bevorzugt.

Geht es bei der Personalbeschaffung um Führungskräfte, können sich die Unternehmen der Leistungen eines *Personalberaters* bedienen. Zwar sind deren Aktivitäten durch das zuvor bereits angesprochene Vermittlungsmonopol der Bundesanstalt für Arbeit beschränkt, in der Praxis ist dieses Vorgehen jedoch häufig anzutreffen.

Der Verfahrensablauf einer Personalberatung läßt sich wie folgt kennzeichnen:

– Vertragsabschluß Personalberater (PB)/Unternehmen

– PB erhält detaillierte Information über die Stelle, ihre Aufgaben, fachlichen und persönlichen Anforderungen, das Gehalt

– Anzeigenschaltung durch den PB; das auftraggebende Unternehmen bleibt dabei ungenannt. Dieses garantiert einerseits einen reibungslosen Auswahlprozeß und vermeidet andererseits, daß die Bewerbung aufgrund des attraktiven Firmennamens ausgelöst wird

– Kontaktanbahnung durch den PB

– Bewerbervorauswahl

– Vorbereitung des Arbeitsvertrages

Anzumerken ist, daß die Zusammenarbeit mit Personalberatern häufig mit hohen Kosten verbunden ist, nicht selten entstehen Gesamtkosten von 30 000 – 50 000 DM je zu vermittelnder Führungskraft.

Ein weit verbreitetes Beschaffungsinstrument bei der Besetzung von Positionen ist die *Stellenanzeige* in Tageszeitungen oder Fachzeitschriften. Der Erfolg einer solchen Anzeige hängt entscheidend von ihrer Resonanz ab, d.h. ob sie vom Leser erfaßt, gelesen und verstanden wird. Deshalb kommt der Aufmachung und dem Inhalt der Stellenanzeige besondere Bedeutung zu. Einerseits darf die Anzeige nicht überladen sein mit Informationen, andererseits muß sie aber doch so klar und präzise formuliert sein, damit es nicht wegen fehlender Einzelheiten zu einer Flut von falschen Bewerbungen kommt. Daneben muß die Stellenanzeige auch unter dem Gesichtspunkt Public Relations gesehen werden. Das Unternehmen kann sich über die Stellenanzeige darstellen.

In bezug auf den Inhalt empfiehlt sich deshalb ein Aufbau gemäß dem folgenden Vorschlag:

- *Wir sind* (Auskünfte über das Unternehmen, wie beispielsweise Größe, Branche, Region, Mitarbeiterzahl, Zukunftspläne und -aussichten)

- *Wir suchen* (Informationen über die zu besetzende Stelle, wie beispielsweise Vorbildung, Berufserfahrung, persönliche Eigenschaften)

- *Wir bieten* (Aussagen über die Leistungen der Unternehmung, wie beispielsweise Lohn bzw. Gehalt, Arbeitsbedingungen, Hilfe bei Wohnungssuche)

- *Wir bitten* (Angaben über Bewerbungsart, wie beispielsweise Bestandteile, Referenzen, Ansprechpartner)

Bei der Auswahl der Zeitung/Zeitschrift konzentriert man sich in der Regel auf ein Blatt mit großem Stellenanzeigenteil bei zugleich hoher Auflage. Besonderes Gewicht haben hier die überregionalen Tageszeitungen.

Außerdem ist der Zeitpunkt der Plazierung der Anzeige zu beachten. In der Praxis hat es sich durchgesetzt, wegen des großen Anzeigenteils in der Mittwochs- oder Wochenendausgabe zu inserieren. Ist ein längerfristiges Planen möglich, sollte die Anzeige 4 – 5 Wochen vor einem vermuteten Kündigungszeitpunkt erscheinen. Hierdurch hat man genügend Zeit, Angebote zu sammeln, die Vorauswahl zu treffen und Verhandlungen mit Bewerbern zu führen.

Auch bei der externen Personalbeschaffung besteht die Möglichkeit der *Auswertung* von *Initiativbewerbungen*. Hierbei handelt es sich um unaufgefordert zugesandte Bewerbungen. Dem Bewerber wird mitgeteilt, daß man im Bedarfsfalle eventuell auf ihn zurückkommen werde. Informationen aus solchen Bewerbungen dienen im Falle einer Vakanz der schnelleren Reaktion und ersparen finanziellen und zeitmäßigen Aufwand.

Ein weiteres Instrument ist der *Kontakt zu Ausbildungsstätten*. Durch die ständige Verbindung zu Schulen, Hochschulen und speziellen Ausbildungsinstituten sollen junge Nachwuchskräfte auf die Unternehmung aufmerksam und zu einer Bewerbung veranlaßt werden. In einem modernen Personalmanagement ist die Schaffung und Pflege solcher Kontakte eine Funktion des *Personalmarketings*. Personalmarketing bedeutet die konsequente Umsetzung des Marketinggedankens – Orientierung an Bedürfnissen gegenwärtiger und zukünftiger Kunden – auch im Personalbereich.

Solch ein Personalmarketing soll mittels einer Reihe von Instrumenten eine positive Einstellung von gegenwärtigen und zukünftigen Mitarbeitern erreichen. Es hat somit eine nach außen gerichtete Akquisitionsfunktion und eine nach innen gerichtete Motivationsfunktion (vgl. auch Scholz, S. 600 ff.).

Dem *Personalleasing* kommt im Rahmen der externen Beschaffung eine besondere Bedeutung zu. Hierunter ist die gewerbsmäßige Überlassung von Arbeitnehmern zu verstehen, es ist im einzelnen im Arbeitnehmerüberlassungsgesetz geregelt. Das Personalleasing ist von den bisher beschriebenen Methoden auch insofern zu trennen, da es nicht zu einer echten Einstellung des Arbeitnehmers kommt, bei der die werbende Unternehmung die Arbeitgeberpflichten (Beschäftigungspflicht, Lohnzahlungspflicht u.a.) übernimmt. Beim Leasing tritt die Leasingfirma als Arbeitgeber auf und übernimmt somit oben erwähnte Arbeitgeberpflichten.

Die Beziehungen, die sich im Falle des Personalleasing zwischen werbender Unternehmung (Auftraggeber), Verleihfirma und Arbeitnehmer ergeben, verdeutlicht Abbildung 5.

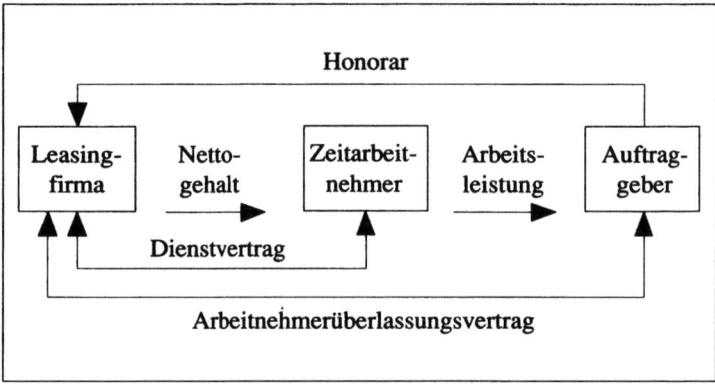

Abbildung 5: Personalleasing

Das Personalleasing eignet sich insbesondere zur Überbrückung kurzfristiger Personalengpässe, da die Beschaffungszeit minimal ist. Zur länger andauernden Beschäftigung taugt es aus Kostengründen nicht.

24

3.3 Die Personalauswahl

Zeigen die verschiedenen Instrumente der Personalwerbung Wirkung, d.h. bewerben sich derzeitige oder potentielle Mitarbeiter auf einen vakanten Arbeitsplatz, so gilt es nunmehr, aus den eingehenden Bewerbungen den zukünftigen Inhaber der Stelle auszuwählen. Personalauswahl hat das Ziel, das Eignungspotential eines Bewerbers festzustellen und so den Bewerber auszuwählen, der die Anforderungen der konkreten Stelle bestmöglich erfüllt. Es soll, anders ausgedrückt, der geeignete, nicht der beste Bewerber gefunden werden.

Hierbei ist wiederum zu unterscheiden zwischen der Auswahl unternehmensinterner und -externer Bewerber.

■ **Auswahl bei internen Bewerbungen**

Hier stützt sich die Auswahlentscheidung neben dem persönlichen Vorstellungsgespräch (s. nächster Abschnitt) auf die Personalbeurteilung. Die umfassende Personalbeurteilung bewertet systematisch Leistungs- und eventuell Persönlichkeitsmerkmale des Mitarbeiters. Sie sollte mindestens einmal jährlich erfolgen und kann neben der Einschätzung der augenblicklichen Leistung auch Angaben über das Entwicklungspotential des Mitarbeiters enthalten.

■ **Auswahlverfahren bei externen Bewerbungen**

Zur Auswahl unternehmensfremder Bewerber bedient sich das Personalwesen einer Reihe verschiedener Auswahlverfahren, die auch miteinander kombiniert werden können. Die wesentlichen Methoden sind in folgender Übersicht dargestellt.

Wesentliche Verfahren der externen Personalauswahl sind: Analyse der Bewerbungsunterlagen, Vorstellungsgespräche, Assessment-

25

Center-Verfahren, Testverfahren (Leistungs-, Intelligenz- und Persönlichkeitstest) sowie das graphologische Gutachten.

Im folgenden wird wegen ihrer Bedeutung in der Praxis auf die ersten drei Verfahren näher eingegangen.

Die *Bewerbungsunterlagen* setzen sich aus den vier Elementen Anschreiben, Lebenslauf, Zeugnis und Lichtbild zusammen.

Bei einer ersten Prüfung der Unterlagen werden sie auf Vollständigkeit, formale und stilistische Gestaltung sowie auf den Inhalt hin untersucht. Sodann erfolgt eine Analyse des Lebenslaufes, bei der auf folgende Aspekte besonders zu achten ist:

— Zeitfolge: Welche Arbeitsplatzwechsel wurden vorgenommen, und wo sind evtl. Zeitlücken festzustellen?

— Entwicklung: Zeigt die Entwicklung einen gradlinigen Trend (Aufstieg, Abstieg, Arbeitsgebiete u.a.)?

Bei Zeugnissen ist zunächst zwischen Schul-, Ausbildungs- und Praxiszeugnissen (Arbeitszeugnissen) zu unterscheiden. Mit zunehmender praktischer Erfahrung des Bewerbers treten die Praxiszeugnisse mehr in den Vordergrund. Sie werden besonders in bezug auf die Punkte Tätigkeitsdauer, Inhalt der Aufgabe, Leistungs- und Sozialverhalten sowie Gründe für das Ausscheiden analysiert.

Je nach Anzahl der eingehenden Bewerbungen und Kapazität der Personalabteilung ist es in der Praxis gängig, dem Bewerber einen Zwischenbescheid mitzuteilen. Darin wird der Eingang der Bewerbung bestätigt; gleichzeitig erhält der Bewerber die Information, daß man zu gegebener Zeit wieder auf ihn zukommen wird.

Das *Vorstellungsgespräch* ist das in der Praxis gebräuchlichste Instrument der Personalauslese und ergänzt die Erkenntnisse aus der vorangegangenen Bewerbungsanalyse. Es dient dazu, den bisher nur aus schriftlichen Informationen bekannten Bewerber persönlich kennenzulernen und somit bisherige Eindrücke zu bestätigen (oder auch nicht) und zu vervollständigen.

Durch das persönliche Gespräch soll geprüft werden, inwieweit betriebliche Vorstellungen und Bewerbererwartungen übereinstimmen. Der Ablauf eines solchen Gespräches folgt in der Praxis keinem einheitlichen Schema, es können lediglich folgende allgemeine Inhalte definiert werden:

- erste Kontaktphase mit Begrüßung und Vorstellung zum Abbau von Schwellenängsten

- Besprechung des Lebenslaufes (Fragen zu familiärer Herkunft, Freizeitverhalten, bisheriger beruflicher Entwicklung, Gründe für Stellenwechsel u.ä.)

- Ergründung der fachlichen Qualifikation des Bewerbers

- detaillierte Informationen des Bewerbers über das Unternehmen und die vakante Stelle

- eventuelle Vertragsverhandlungen

Wichtig für den erfolgreichen Verlauf eines Vorstellungsgespräches sind eine gute Vorbereitung (genaue Kenntnis der Anforderungen des Arbeitsplatzes und der Bewerbungsunterlagen) und die richtige Atmosphäre (geeignete Räumlichkeiten, keine Störungen, kein Zeitdruck).
Ferner sollten an einem Vorstellungsgespräch mehrere erfahrene Vertreter des Unternehmens (Personalabteilung/Fachabteilung) teilnehmen, um das Ergebnis des Gespräches und der Auswahlentscheidung zu objektivieren, um sich nicht nur auf das Urteil einer Person zu stützen.

Das *Assessment-Center-Verfahren* (AC) ist ein in den USA entscheidend geprägtes Auswahlinstrument. Wegen seiner hohen Aussagefähigkeit in bezug auf Sozialverhalten und Führungsfähigkeit wird es insbesondere zur Auswahl von qualifizierten Fach- und Führungskräften herangezogen. In Anlehnung an den „Arbeitskreis Assessment Center" kann das AC definiert werden als eine vielschichtige, gleichzeitige Beurteilung mehrerer Teilnehmer durch mehrere Beobachter unter Einsatz verschiedener Beurteilungsmethoden und simulierter Führungssituationen aus der betrieblichen Praxis. Die Teilnehmer werden in gemeinsamen Gruppendiskussionen, in Rollenspielen oder bei Einzelarbeiten in bestimmte Arbeits- und Entscheidungssituationen in dem beruflichen Alltag versetzt, um die Eignung für bestimmte Aufgaben zu erkennen, das Transfervermögen zu ermitteln und den Gruppenbezug zu erfassen.

Es existiert kein einheitliches Ablaufschema für ein AC, sondern es müssen stets die spezifischen Anforderungen der zu besetzenden Stelle zugrunde gelegt und entsprechende Beurteilungskriterien definiert werden. Zu diesen Kriterien (z.B. Kooperationsfähigkeit, abstraktes Denken, Entscheidungsfreude, Durchsetzungsvermögen, Flexibilität) werden dann entsprechende Übungen ausgewählt.

4 Personalentwicklung

4.1 Begriffsbestimmung

Ein weiterer bedeutender Teil des Personalwesens ist die Personalentwicklung. Ihr ist die Aufgabe zugeordnet, Mitarbeitern aller Hierarchiestufen die Qualifikationen zu vermitteln, die sie zur Erfüllung gegenwärtiger und zukünftiger Aufgaben benötigen. Personalentwicklung soll das menschliche Leistungspotential aktivieren und entwickeln. Das bedeutet, daß sie die Vermittlung von Wissen, Entwicklung des Könnens und die Einwirkung auf das Verhalten zur Aufgabe hat.

Hierbei ist unter Wissen die theoretische Kenntnis über Abläufe, Sachverhalte und Zusammenhänge zu verstehen; Können soll zu anwendungsbereitem, funktionsfähigem Können entwickelt werden; Verhalten bezieht sich auf die Arbeitsleistung des Mitarbeiters in der Gruppe, die vornehmlich durch sein Wissen und Können sowie seine Motivation beeinflußt wird.

Die Bestandteile der Personalentwicklung sind die Berufsausbildung und die betriebliche Weiterbildung, unterteilt in die Aufstiegs- und die Anpassungsfortbildung.

4.2 Berufsausbildung

Unter Berufsausbildung ist die Entwicklung der Berufsreife von Auszubildenden zu verstehen, häufig wird sie auch als berufsvorbereitende Bildung bzw. als Vermittlung der Berufsfähigkeit bezeichnet. Ausbildung ist der Beginn eines heutzutage oftmals lebenslangen beruflichen Lernprozesses.

Fragt man nach dem *Zweck* einer systematischen Berufsausbildung, so sind hier insbesondere zwei Aspekte zu nennen: Berufsausbildung als Nachwuchssicherung, Berufsausbildung als gesellschaftspolitische Aufgabe, besonders in Zeiten eines Nachfrageüberhangs nach Lehrstellen.

4.3 Betriebliche Weiterbildung

4.3.1 Begriffserklärung und Grundlagen

Die betriebliche Weiterbildung ist der zweite Grundbaustein der Personalentwicklung. Hierzu zählen alle Maßnahmen, die der Erhaltung (Aktualisierung) und Erhöhung des bereits erworbenen Wissens dienen, wobei diese Maßnahmen nicht ausschließlich auf das Berufsfeld, in dem der Mitarbeiter tätig ist, beschränkt sein müssen. Unter die betriebliche Fort- bzw. Weiterbildung fallen damit auch Umschulungsmaßnahmen. Unsere Gesellschaft ist einem ständigen technologischen, wirtschaftlichen und sozialen Wandel unterworfen. Diese Änderungen, von denen selbstverständlich auch die Arbeitswelt nicht unberührt bleibt, vollziehen sich vielfältig und in zunehmendem Tempo; das bedeutet. daß der Verwertungszeitraum einmal erworbenen Wissens immer kleiner und der Bedarf an Fortbildung immer größer wird. Elementare Beispiele für solche Entwicklungen sind:

– neue Arbeitsmöglichkeiten in Produktion (z. B. Prozeßleittechnik) und Verwaltung (z.B. neue Kommunikationstechnologien) durch grundlegende Entwicklungen in der Mikroelektronik

– personalpolitische Probleme (z. B. Facharbeitermangel) durch strukturelle Schwächen auf dem Arbeitsmarkt

– wachsende Anforderungen an den Umweltschutz

- zunehmender Wettbewerb bei steigender Internationalisierung

Daraus ergeben sich neue Anforderungen an die Mitarbeiter aller Hierarchiestufen, die eine planvolle betriebliche Weiterbildung unerläßlich werden lassen. Denn die große Bedeutung des Humankapitals – der Fähigkeiten der Mitarbeiter – für den Unternehmenserfolg ist inzwischen unstrittig.

Die Entwicklung des Erfolgsfaktors *Belegschaft* ist eine Zukunftsaufgabe, die von Gesellschaft, Unternehmen und Mitarbeiter gemeinsam gelöst werden muß.

Ziele betrieblicher Weiterbildung		
individuelle Ziele	betriebliche Ziele	gesellschaftliche Ziele
– Sicherung des Arbeitsplatzes	– Sicherung und Erhöhung der Leistungsfähigkeit ⟶ Existenzsicherung	– Erhaltung der Leistungsfähigkeit einer hochentwickelten Volkswirtschaft
– Steigerung der Aufstiegs- und Entwicklungschancen durch verbesserte Qualifikation – Entwicklung der Persönlichkeit	– Aufbau potentieller Nachwuchskräfte	– Entlastung des Arbeitsmarktes aufgrund verbesserter Qualifikationsstruktur der Beschäftigten
– Befähigung zum lebenslangen Lernen (Methodenwissen)	– Nutzung neuen Know-hows	– Leistung eines Beitrags zur Bildungspolitik und gesellschaftlichen Entwicklung

Abbildung 6: Ziele betrieblicher Weiterbildung

31

4.3.2 Weiterbildungsarten

Wie eingangs dieses Abschnitts erwähnt, ist die betriebliche Weiterbildung zu unterteilen in Anpassungsfortbildung und Aufstiegsfortbildung.

Die Anpassungsfortbildung ist an alle Mitarbeiter gerichtet. Sie wird auch als kollektive Fortbildung bezeichnet und zielt auf die Anpassung des benötigten Wissens ab, entsprechend den technologischen, wirtschaftlichen und sozialen Veränderungen. Hier geht es insbesondere um die Vermittlung von Schlüsselqualifikationen, die zunehmend größere Bedeutung erlangen: z.B. Kontaktfähigkeit, Teamfähigkeit, strukturiertes Denken. Ebenfalls hierzu zählen die Befähigung der Mitarbeiter, sich immer schneller vollziehenden Entwicklungen anzupassen, ihre Fähigkeit, lebenslang zu lernen und sich mit Methodenwissen auszustatten.

Die Aufstiegsfortbildung dagegen hat die Entwicklung des einzelnen Mitarbeiters zum Ziel. der aufgrund gezeigter Leistungen (Beurteilungen) gefördert werden soll. Hier geht es um die Vorbereitung bestimmter Mitarbeiter auf höherwertige Aufgaben, insbesondere um die Vorbereitung von Mitarbeitern auf zukünftige Führungsaufgaben. Diesem Teil der Fortbildung ist auch der Komplex der Laufbahnplanung zuzuordnen. Hiermit ist der Einsatz einzelner Mitarbeiter im Rahmen eines vorgeplanten Entwicklungsweges gemeint.

4.3.3 Weiterbildungsmethoden

Bei den Weiterbildungsmethoden ist zu unterscheiden zwischen Methoden am Arbeitsplatz (on-the-job) und außerhalb des Arbeitsplatzes (off-the-job), von denen die wichtigsten in folgender Übersicht aufgeführt sind:

Methoden betrieblicher Weiterbildung	
On-the-job	Off-the-job
– Anleitung und Beratung durch den Vorgesetzten	– Vorlesungsmethode
– Tätigkeit als Assistent,	– Gruppendiskussion
– Betrauung mit Sonderaufgaben/Projekten	– Fallmethode
– Job-rotation	– Planspiel

Abbildung 7: Methoden beruflicher Weiterbildung

■ **On-the-job**

Die *Anleitung und Beratung durch den Vorgesetzten* ist als systematische Erfahrungsvermittlung zu verstehen. Hier werden durch fachliche und pädagogisch geschulte Vorgesetzte dem Mitarbeiter nach und nach Wissen und Fertigkeiten auf der Basis eines Stoff- und Zeitplanes vermittelt.

Der *Einsatz der Fortzubildenden* als Assistent ist eine weitere Möglichkeit der Fortbildung am Arbeitsplatz. Der Mitarbeiter arbeitet im gesamten Umfang einer Stelle mit, ohne jedoch voll verantwortlich zu sein.

Bei der *Betrauung mit Sonderaufgaben* werden zu fördernde Arbeitnehmer mit neuen Aufgaben und Projekten konfrontiert, die begrenzte Teilbereiche betreffen und verantwortlich bearbeitet werden sollen. Als Beispiele kann die Aufstellung eines Investitionsplans für eine neue Anlage genannt werden. Über eine solche Aufgabe können sich Nachwuchskräfte bewähren.

Unter *Job-rotation* schließlich ist ein systematischer Arbeitsplatzwechsel zu verstehen. Entsprechend einem Rotationsplan, der Einsatzdauer und -bereich, Entwicklungszeit und evtl. zusätzliche Kurse enthält, erfolgt ein periodischer Wechsel in mehrere Aufgabenbereiche. Dies ermöglicht eine breite Orientierung und fundierte Fortbildung. Anzumerken ist, daß die Fortbildungsmethoden am Arbeitsplatz häufig mit der Aufstiegsfortbildung verbunden sind.

■ **Off-the-job**

Die Methoden außerhalb des Arbeitsplatzes werden meistens im Rahmen der Anpassungsfortbildung eingesetzt, sind also gruppenbezogen.

Die *Vorlesungsmethode* eignet sich vornehmlich zur Vermittlung von theoretischem Wissen vor einer großen Zuhörerzahl. Wegen der Passivität der Teilnehmer sollte jeder Vortrag unter Einsatz mindestens eines visuellen Mediums (z. B. Tafel, Flipchart, Tageslichtprojektor) erfolgen, um den Lernerfolg zu verbessern.

Bei der *Gruppendiskussion* geben die Teilnehmer ihre Passivität auf. Hier wird weniger neues Wissen vermittelt, als vielmehr zuvor gehörter Stoff vertieft und Diskussionsverhalten geübt sowie Argumentationsfähigkeit trainiert.

Eine weitere Fortbildungsmethode außerhalb des Arbeitsplatzes ist die *Fallmethode*. Abgegrenzte Problemstellungen (z. B. Marketing, Produktneueinführung) werden hier einer Kleingruppe zur Bearbeitung vorgelegt. Dabei ist die Ausgangssituation detailliert beschrieben, und auf der Basis des erworbenen Grundlagenwissens soll dieses auf praktische Probleme angewendet und so ein Lösungsvorschlag erarbeitet werden.

Das *Planspiel* dagegen verlangt die modellhafte Leitung einer Unternehmung als Ganzes, erstreckt sich daher nicht nur auf einen Teilbereich. Es müssen Strategien entwickelt werden, die dann in viele Einzelentscheidungen eingehen. Diese Entscheidungen werden für mehrere Spielperioden getroffen, nach jeder Periode erfolgt für die Teilnehmer ein feedback, das die Wirkung ihrer Entscheidungen zeigt. Das Planspiel fördert insbesondere die Schlüsselqualifikation „Denken in Zusammenhängen".

5 Personaleinsatz

5.1 Einführung neuer Mitarbeiter

Der erste Schritt beim Arbeitseinsatz eines – nach sorgfältiger Bewerberauslese – eingestellten Mitarbeiters im neuen Betrieb sollte eine systematische Einführung sein. Dieser Einführung wird auch heute noch vielfach wenig Bedeutung beigemessen, obwohl bekannt ist, daß die hohe Fluktuationsrate neuer Mitarbeiter in den ersten Monaten der Beschäftigung häufig auf eine ungenügende Einführung zurückzuführen ist.

Ein Patentrezept für eine systematische Einführung kann wegen der unterschiedlichen Situationen und der verschiedenen Arbeitnehmerkategorien nicht gegeben werden; im wesentlichen geht es bei der systematischen Einführung jedoch um die Vermittlung von Informationen über:

– Grundzüge des Unternehmens

– Organisation und Aufgabenstellung der Abteilung

– Aufgabe und Verantwortung des neuen Mitarbeiters

– Vorgesetzte und Kollegen

– eventuelle Unfall- und Gesundheitsgefahren im Betrieb sowie Maßnahmen zu deren Verhütung

Eine solche Einführung, die mit einem ausführlichen Gespräch am Eintrittstag beginnen sollte, kann anhand einer Checkliste vorgenommen werden, die die jeweiligen Maßnahmen und mit ihrer Ausführung betraute Mitarbeiter enthält. Ebenfalls bewährt hat sich in der Praxis die Benennung eines ,,Paten", der dem neuen Mitarbeiter die Einordnung in den Betrieb und in die Arbeitsgruppe erleichtern soll. Die Einarbeitung ist insbesondere bei Führungskräften häufig mit einem Job-rotation-Programm verbunden.

Eine solche Einführung fördert eine rasche Einarbeitung und mindert das Risiko eines baldigen Ausscheidens des gerade erst eingestellten Mitarbeiters erheblich. Sie trägt somit dazu bei, daß er seine volle Arbeitsleistung entwickeln kann.

5.2 Personalführung

5.2.1 Begriff und Ziele

Die Unternehmung darf nicht nur als ein System betrachtet werden, in dem Maschinen, Betriebsmittel und der Mensch nach von der Unternehmensleitung festgelegten Regeln und in einem von ihr definierten organisatorischen Rahmen zusammenwirken und so die Unternehmensziele erfüllen.

Neben einer solchen technisch-rationalen Betrachtungsweise muß der Betrieb vielmehr als ein soziales Gebilde erkannt werden: Hier arbeiten Menschen mit unterschiedlichen Bedürfnissen zusammen, es begründen sich zwischenmenschliche Beziehungen, es kommt zu Konflikten, und es bilden sich Gruppen.

Außer einer Unternehmensführung, die eine zielorientierte Planung, Steuerung und Kontrolle der Organisation umfaßt, ist demzufolge auch eine Personalführung erforderlich. Unter Personal- bzw. Mitarbeiterführung ist hierbei ein Prozeß zielgerichteter Verhaltensbeeinflussung eines Gruppenmitgliedes durch ein anderes (oder mehrere andere) zu verstehen (vgl. Hentze, Bd. 2, S. 165).

Personalführung erfolgt dabei immer mit Hilfe der Kommunikation und der Interaktion zwischen Vorgesetztem und Geführtem.

An dieser Stelle ist auf eine weitere begriffliche Klärung hinzuweisen: *Führung* ist nicht gleichzusetzen mit *Leitung*. Ein Vorgesetzter ist zunächst eine mit Weisungsbefugnis gegenüber dem Mitarbeiter ausgestattete Instanz. Läßt dieser Vorgesetzte seinen Einfluß ausschließlich über seine Positionsmacht wirken, übt er Leitung aus, keineswegs jedoch Führung. In diesem Sinne ist Führung als das Bemühen des Vorgesetzten zu verstehen, über seine formale Einflußbefugnis hinaus ein Einflußplus gegenüber seinen Mitarbeitern zu erzielen.

Entsprechend dem oben beschriebenen technisch-rationalen und sozialen Verständnis des Betriebes, aus dem sich die Personalführung begründet, ergeben sich für sie folgende zwei Ziele:

– Zum einen geht es um die positive Beeinflussung des Leistungsverhaltens der Mitarbeiter zur Erfüllung der Unternehmensziele (Aufgabenorientierung der Personalführung).

– Zum anderen geht es um die Förderung der sozialen Ziele der Mitarbeiter (Bedürfnisbefriedigung) zur Erreichung von Arbeitszufriedenheit (Mitarbeiterorientierung der Personalführung).

5.2.2 Führungsstile

Um nunmehr zu einem im Sinne der oben formulierten Ziele erfolgreichen Vorgehen zu gelangen, hat die Wissenschaft aus der Analyse des Führungsverhaltens (= Aktivitäten des Vorgesetzten in Ausübung seiner Führungsfunktion) grundlegende Führungsstile definiert. Diese sind jedoch sogenannte idealtypische Führungsstile, d.h. in der beschriebenen Reinform sind sie in der Praxis nicht anzutreffen. Es kommt vielmehr zu Vermischungen einzelner Elemente. In folgender Übersicht sind die *idealtypischen Führungsstile* dargestellt (Darstellung in Anlehnung an die klassische Führungsstiltypologie nach Lewin): *autoritär, demokratisch* und *laissez-faire*.

5.2.3 Führungstechniken

Auf der Basis einer Vielzahl von Erklärungsmodellen versucht die Wissenschaft nun, Empfehlungen für erfolgreiches Führungsverhalten abzugeben. Aus einer breiten Palette von Ansätzen, die im wesentlichen *erfolgreiches Führen* der Mitarbeiter durch ein Zusammenwirken der drei Faktoren *Vorgesetzter, Gruppen* und *Umwelt* (Führungssituation) erklären (vgl. Marr/Stitzel, S. 131), wurden eine Reihe von Führungstechniken entwickelt.

Klassische idealtypische Führungsstile		
autoritär	demokratisch (= kooperativ)	laissez-faire
1. Vorgabe der Ziele durch den Führer	1. Ziele sind das Ergebnis einer Gruppenentscheidung bei Unterstützung durch den Führer	1. Völlige Freiheit für Einzel- oder Gruppenentscheidung bei minimaler Beteiligung des Führers
2. Aktionsschritte werden nacheinander vom Führer vorgesehen, so daß der jeweils folgende Schritt unklar bleibt	2. Generelle Vorgehensweise in der Gruppe festgelegt, wenn gewünscht, gibt der Führer Rat und schlägt alternative Aktionsschritte vor	2. Führer stellt Arbeitsmaterial zur Verfügung und liefert auf Wunsch Informationen
3. Führer verteilt die Arbeit und bildet Arbeitsgruppen	3. Arbeitsverteilung und Gruppenwahl durch Mitglieder selbst	3. Keine Intervention des Führers
4. Führer lobt und tadelt einzelne Mitglieder persönlich, nimmt nicht am Arbeitsprozeß teil	4. Führer sucht nach objektiven Maßstäben der Kritik, versucht am Gruppenprozeß teilzuhaben	4. Einzelne spontane Kommentare, keine Steuerung und Beurteilung der Gruppenarbeit

Abbildung 8: Klassische idealtypische Führungsstile

Die bekanntesten Modelle sind die ,,Management by-. . ."-Modelle, von denen wiederum die drei gängigsten Varianten *Management by Exception*, *Management by Delegation* und *Management by Objectives* in der nachstehenden Abbildung 9 charakterisiert sind (vgl. Baumgarten S. 200 ff.).

	Management by Exception (MBE)	Management by Delegation (MBD)	Management by Objectives (MBO)
Kurz-defini-tion	– Führung durch Abweichungskontrolle und Eingriff im Ausnahmefall	– Führung durch Aufgabendelegation	– Führung durch Zielvereinbarung
Haupt-ziele	– Entlastung der Vorgesetzten von Routineaufgaben – Systematisierung der Informationsflüsse und Regelung der Zuständigkeiten	– Abbau der Hierarchie und des autoritären Führungsstils, Ansatz zur partizipativen Führung – Entlastung der Vorgesetzten wie bei (MBE) – Förderung der Eigeninitiative, Leistungsmotivation und Verantwortungsbereitschaft – Entscheidungen sollen auf der Führungsebene getroffen werden, wo sie vom Sachverstand her am ehesten hingehören – Mitarbeiter sollen lernen, wie man eigenverantwortlich Entscheidungen trifft	– Entlastung der Führungsspitze – Förderung der Leistungsmotivation, Eigeninitiative, Verantwortungsbereitschaft und Selbstregelungsfähigkeit der Mitarbeiter – Partizipative Führung, Identifikation der Mitarbeiter mit Organisationszielen – Mitarbeiter sollen ihr Handeln an klaren Zielen ausrichten, objektiv beurteilt, leistungsgerecht bezahlt und nach Fähigkeiten gefördert werden – Systematische Berücksichtigung von Verbesserungsmöglichkeiten
Wich-tige Bestand-teile/Instru-mente	– Festlegung von Sollergebnissen – Informationsrückkopplung	– Delegation von Aufgaben (mit Kompetenzen und Handlungsverantwortung) – Stellenbeschreibung	– Organisatorisch institutionalisierter Zielbildungs- und Planungsprozeß, Einzelziele werden durch „Herunterbrechen" aus Organisationszielen abgeleitet

Fort-setzung	Management by Exception (MBE)	Management by Delegation (MBD)	Management by Objectives (MBO)
Wichtige Bestandteile/ Instrumente	– Abweichungskontrolle (-analyse)	– Verbot der Rückgabe und Rücknahme der Delegation – Regelung für Ausnahmefälle – Regelung für Dienstaufsicht und Erfolgskontrolle – Regeln für den Informationsverkehr	– Periodische Wiederholung eines kybernetischen Management-Zyklus – Zielbilder, Stellenbeschreibungen (MBD) und Ausnahmeregelungen (MBE) – Präzisierung der vereinbarten Ziele durch Leistungsstandards und Kontrolldaten – Regelmäßige Ziel-Ergebnis-Analyse (ZEA) – Objektivierte, zielorientierte Leistungs- bzw. Personalbeurteilung – Management-Development-System, das an die ZEA anknüpft und in den Management-Zyklus integriert ist
Voraussetzungen	– Voraussetzungen – Anwendungsbereich auf programmierbare Entscheidungsprozesse beschränkt – Alle Beteiligten müssen Ziele, Abweichungstoleranzen und Definition der Ausnahmefälle kennen – Entsprechendes Kontroll- und Berichtssystem	– Delegationsbereitschaft der Vorgesetzten und Delegationsfähigkeit der Mitarbeiter – Klärung delegierbarer und nichtdelegierbarer Aufgaben, Kompetenzen und Verantwortung – Entsprechendes Kontroll- und Berichtssystem	– Delegation wie bei MBD – Zielorientierte Organisation – Gut organisiertes, leistungsfähiges Planungs-, Informations- und Kontrollsystem – Entsprechende Informationsversorgung und Ausbildung der Mitarbeiter

41

Fort-setzung	Management by Exception (MBE)	Management by Delegation (MBD)	Management by Objectives (MBO)
Voraus-setzun-gen	– Klare Regelung der Zuständigkeiten	– Ausreichende Information der Mitarbeiter (durch Querschnittsinformation)	
Kritik	– Einseitig (Beschränkung auf Abweichungsfälle) und fehlendes feed forward (Vorkopplung) – Über Ziele und Pläne als Grundlage für Sollgrößen und Kontrolle wird nichts gesagt – Fördert nicht unbedingt Eigeninitiative und Verantwortungsfreude, Tendenz zur „Delegation nach oben"	– Hierarchie wird nicht abgebaut, sondern unter Umständen gefestigt – Prinzip beruht auf statistischem Denkansatz, vernachlässigt dynamische Prozeßaspekte und Zielorientierung – Partizipative Führung wird hiermit allein kaum erreicht (gemeinsame Entscheidungen von Vorgesetzten und Mitarbeitern?) – Motivationsaspekte ungenügend berücksichtigt – Vorgesetzte delegieren unter Umständen nur uninteressante Routineaufgaben – Prinzip vernachlässigt die notwendige Querkoordination und übergreifende Zielabstimmungen	– Bei unsachgemäßer Anwendung: Gefahr zu hohen Leistungsdrucks (Folge: Mißerfolgsmotivierung, Frustration) – Partizipativer Planungs- und Zielbildungsprozeß ist zeitaufwendig – Tendenz zur Konzentration auf meßbare Ziele (Leistungsstandards, obwohl qualitative Ziele unter Umständen wichtiger sind – Relativ hohe Einführungskosten (kein echtes Argument: bei konsequenter Anwendung von MBE und MBD ähnlich) – Schwierigkeiten bei Zielabhängigkeiten über Abteilungsgrenzen hinweg (Zielpooling) nicht immer lösbar
Gesamt urteil	– Kein eigenständiges Modell, lediglich einfaches generelles Prinzip	– Als einfaches Prinzip allgemeingültig verwendbar, aber nur begrenzt wirksam	– Modernste, umfassende und am weitesten entwickelte Management-Konzeption

Fort-setzung	Management by Exception (MBE)	Management by Delegation (MBD)	Management by Objectives (MBO)
Gesamt urteil	– Löst nur kleinen Teil der Management-Probleme, geht aber in andere Modelle ein	– In Form des Harzburger Modells zwar leistungsfähiger, aber zu statisch und daher stark erweiterungsbedürftig. Im Vergleich zum MBO bleibt vieles offen	– Berücksichtigt den Stand moderner Führungstheorie und die zentrale Rolle der Ziele für die Steuerung sozialer Systeme

Abbildung 9: Die drei gängigsten Varianten der „Management by-..."-Modelle

5.3 Die Mitarbeiterbeurteilung

Bei der Mitarbeiterbeurteilung handelt es sich um eine systematische *Beurteilung der Persönlichkeit* (Beurteilungskriterium Charaktereigenschaften) und/oder *des Leistungsergebnisses* eines Mitarbeiters, das auch Leistungsverhalten und gegebenenfalls Führungsverhalten einschließt.

Bei der Leistungsbeurteilung kann weiterhin je nach Zweck der Beurteilung zwischen der *Leistungsbeurteilung im engeren Sinne* (Beurteilung der augenblicklichen Leistung) und der *Potentialbeurteilung* (Beurteilung des Leistungspotentials des Mitarbeiters allgemein) unterschieden werden.

Wie bereits angedeutet, besteht für die Beurteilung ein breites Einsatzfeld. Als wichtigste *Anlässe einer Beurteilung* lassen sich folgende Felder anführen:

– Personalauswahl (Auswahl von internen Bewerbern)

– Personaleinsatz (Beförderung, Versetzung, Entlassung)

- Personalentwicklung (Feststellung von Bildungsbedarf, Erfolgskontrolle von Bildungsmaßnahmen)
- Rechtfertigung einer Lohn- und Gehaltsdifferenzierung
- Personalführung (Beratung der Mitarbeiter, Anerkennung gezeigter Leistungen, Formulierung gemeinsamer Erwartungen und Ziele)

Hinsichtlich der *Verfahren der Mitarbeiterbeurteilung* lassen sich zunächst zwei grundsätzliche Vorgehensweisen unterscheiden: die summarische und die analytische Beurteilung. Bei der summarischen Beurteilung wird der zu Beurteilende als Ganzes betrachtet, während bei der analytischen Beurteilung der Gesamtbeurteilungsgegenstand (z.B. Arbeitsleistung) in mehrere Kriterien zerlegt wird. Diese Einzelkriterien werden dann beurteilt, und aus der Zusammensetzung ergibt sich so ein Gesamturteil. Das analytische Vorgehen bietet in bezug auf Kontrolle und Vollständigkeit entscheidende Vorteile und ist deshalb in der Praxis die übliche Verfahrensweise der Beurteilung.

Die wohl einfachste Methode der Mitarbeiterbeurteilung ist die der *freien Beschreibung*. Hierbei sind keinerlei formale Begrenzungen vorgegeben, die Beurteilung erfolgt ohne ein standardisiertes Formular. Auswahl und Gewichtung einzelner Kriterien obliegen alleine dem Vorgesetzten, von dessen Sorgfalt, Differenzierungsvermögen und sprachlichen Fähigkeiten die Qualität und Aussagekraft der Beurteilung abhängen. Es ergibt sich dadurch eine durch hohe Subjektivität geprägte Beurteilung mit nur minimaler Vergleichbarkeit. Gleiches gilt im Prinzip für die Beurteilung anhand eines Personalfragebogens, auf dem zwar die Beurteilungskriterien festgelegt sind, die Antworten aber ebenfalls frei formuliert werden.

Eine in der betrieblichen Praxis der Personalbeurteilung verbreitete Vorgehensweise ist die *Einstufungsmethode*. Sie dient dazu, qualitative Merkmale, wie beispielsweise Arbeitsstil, Zusammenarbeit, Einsatzbereitschaft, quantitativ zu erfassen, und zwar mit Hilfe

44

verschiedener Ausprägungsgrade auf einer Skala. Diese Skala kann entweder numerisch oder verbal definiert sein.

Bei dieser Methode wird grundsätzlich in folgenden drei Schritten vorgegangen:

1. Definition der Beurteilungsmerkmale
2. Festlegung von entsprechenden Abstufungen
3. Zuordnung des beobachteten Verhaltens zu obengenannten Stufen

Beispiele für solche Skalen können sein:

Numerische Beurteilungsskala

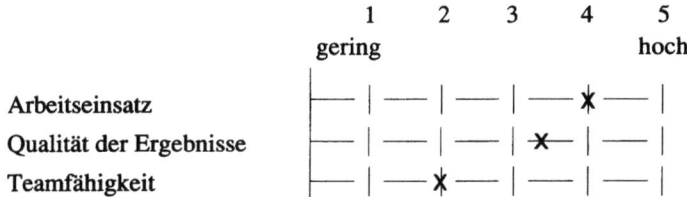

Polaritätenprofil

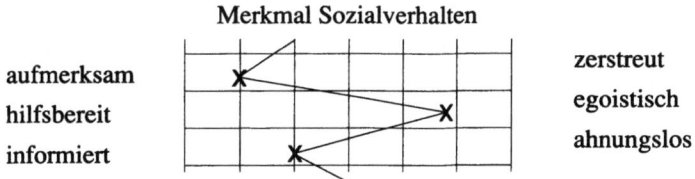

Likert-Skalen

Ihr Aufbau erfolgt in drei Schritten. Zuerst werden die Beurteilungsmerkmale festgelegt und zu jedem Merkmal 8 – 10 Statements formuliert, die nur dieses eine Kriterium betreffen. Danach werden zu den Statements passende Adjektive gesucht, die auf einer Skala (zumeist fünfstufig) angeordnet werden, zum Beispiel:

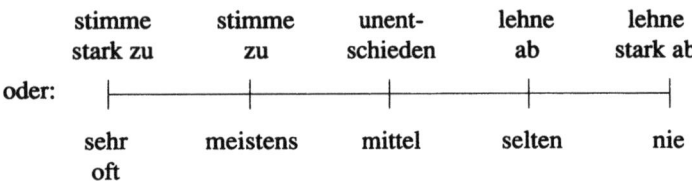

	stimme stark zu	stimme zu	unent- schieden	lehne ab	lehne stark ab

oder:

	sehr oft	meistens	mittel	selten	nie

Im dritten Schritt werden die Einzelstatements dann vermischt, so daß ihre Zuordnung zu dem Beurteilungskriterium nicht mehr auf Anhieb erkennbar ist. Denn auf dem Beurteilungsbogen stehen nicht die Kriterien, sondern nur die einzelnen Statements. Jetzt wird die eigentliche Beurteilung vorgenommen. In der Auswertung erfolgt dann wieder eine Zusammenfassung der zu den einzelnen Kriterien gehörenden Statements. Die Adjektive werden in Punkte umgesetzt (z.B. ,,stimme stark zu" = 5 Punkte. ,,stimme zu" = 4 Punkte usw.), und es ergibt sich dann für jedes Kriterium ein Wert. Die Beurteilung mit Likert-Skalen führt zu recht genauen Ergebnissen.

Ein Beispiel für eine Mitarbeiterbeurteilung aus der Praxis einer Großbank wird in der auf Seite 49 folgenden Abbildung gezeigt.

Hinzuweisen ist unbedingt auf methodische Probleme jeder Beurteilung, auf die Gefahr von Beurteilungsfehlern. Jeder Beurteiler kann unter Umständen solche Fehler begehen. Daher ist es wichtig, alle Beurteiler in Schulungen mit diesen Fehlerquellen vertraut zu machen, um so das Risiko einer Fehlbeurteilung zu verringern.

Zu den wichtigsten Beurteilungsfehlern zählen:

- *der Halo-Effekt*, eine besonders hervortretende Eigenschaft des Beurteilten überdeckt alle anderen Eigenschaften, bzw. die anderen erscheinen im Lichte dieses dominanten Merkmals

- der *Zeit-Effekt*, das zuletzt gezeigte Verhalten fließt am stärksten in die Beurteilung ein

- *die zentrale Tendenz*, der Beurteiler neigt dazu, auf einer Skala mögliche Extremwerte nicht zu belegen, sondern tendiert zu Mittelwerten

- *der Stabilitäts-Effekt*, die Gefahr, sich zu sehr an in vorherigen Beurteilungen gewählten Niveaus zu orientieren

Die Ergebnisse einer Beurteilung sollten dann in einem Beurteilungsgespräch besprochen werden. Denn dem Arbeitnehmer steht gemäß § 82 Abs. 2 Betriebsverfassungsgesetz ein Recht auf Erörterung seiner Leistungsbeurteilung zu. Dieses Gespräch sollte unter geeigneten Bedingungen erfolgen, also störungsfrei, und mit einem ausreichenden Zeitrahmen versehen sein. Sodann können die folgenden Punkte Inhalt des Beurteilungsgespräches sein:

- Eröffnung des Gesprächs

- Besprechung positiv beurteilter Leistungen

- Besprechung negativ beurteilter Leistungen

- Mit dem Beurteilten gemeinsam Wege zur Beseitigung der Mängel finden

- Dem Beurteilten Zeit zur Stellungnahme geben

- Möglichst positiver Abschluß des Gespräches

Ein solches Gespräch stellt hohe Anforderungen an Geschäftsführung und Geschick des Vorgesetzten. Es sollte keineswegs ein Monolog des Beurteilenden sein, sondern Stärken wie Schwächen in sachlicher Form erörtern und dem beurteilten Mitarbeiter das Gefühl vermitteln, nachvollziehbar beurteilt worden zu sein, so daß von der Beurteilung eine Motivation zu weiterer Leistung ausgeht.

Beurteilungsbogen

Name, Vorname	Geburtsjahr	Eintrittsjahr	Personal-Nummer
Huber, Anton	1939	1958	12 345

Abteilung/Filiale/Zweigstelle	Niederl./Kostenst.-Nr.	Funktionsbezeichnung	Stellen-Nummer
Berater			

Anlaß der Beurteilung   ☒ regelmäßige Beurteilung

☐ Ende der Probezeit

☐ sonstiger Anlaß

☐ Austritt

Befürworten Sie die Weiterbeschäftigung?

☒ Ja

☐ Nein

Einsatzzeit am derzeitigen Arbeitsplatz von/bis: 1961 bis auf weiteres

Tätigkeitskurzbeschreibung in Stichworten
(entfällt bei bestehender Stellenbeschreibung, bitte dann nur „siehe Stb" angeben):
siehe Stellenbeschreibung

Haben sich die Anforderungen der Stelle seit der letzten Beurteilung
in wesentlichen Punkten geändert?
Grund der Änderung:

☒ Nein   ☐ Ja

Beurteilungsmaßstab

Überragt weit die Anforderungen der Stelle	Übertrifft deutlich die Anforderungen der Stelle	Übertrifft die Anforderungen der Stelle	Erfüllt die Anforderungen der Stelle	Erfüllt im allgemeinen die Anforderungen der Stelle	Erfüllt mit Einschränkungen die Anforderungen der Stelle	Erfüllt nicht die Anforderungen der Stelle
140	130	120	110 100 90	80	70	60

Punkte gemäß Beurteilungsmaßstab

49

für Mitarbeiter ohne Führungsverantwortung		Zusätzlich für Mitarbeiter mit Führungsverantwortung	
Arbeitsergebnis		**Führungsverhalten**	
Arbeitsqualität	80	Planung und Koordination	☐
Arbeitquantität	100	Entscheidungsverhalten	☐
Arbeitsverhalten		Information und Kommunikation	☐
Zusammenarbeit	110	Delegation	☐
Arbeitsplanung	80	Kontrolle	☐
Arbeitseinsatz	120	Motivation	☐
Selbständigkeit	100	Entwicklung und Förderung	☐
Übernahme von Verantwortung	80		
_____	☐		

Bemerkungen:

Wir bitten Sie zu den folgenden Punkten in jedem Fall um Ihre Angaben.
Sind keine Angaben möglich, mache Sie dies bitte entsprechend deutlich
(z.B. „keine").

Situation am Arbeitsplatz
Stärken des Mitarbeiters:
Großes persönliches Engagement im Kunden- wie im Bankinteresse

Probleme/Schwierigkeiten:
Gelegentliche Kundenreklamationen

Ursachen der Probleme/Schwierigkeiten:
Mangelnde Sorgfalt, fachliche Wissenslücken

Lösungswege

Derzeit nicht genutzte Fähigkeiten/Kenntnisse
-,-,-

Eignung
[X] Der jetzige Arbeitsplatz sollte beibehalten werden
☐ Auch/besser geeignet für einen Arbeitsplatz ☐ mit Kundenkontakt
☐ ohne Kundenkontakt
Begründung ☐ mit Führungsverantwortung

Versetzungsbereitschaft ☐ nicht versetzungsbereit
☐ ohne Einschränkung [X] mit örtlichen
☐ mit zeitlichen ☐ mit sonstigen Einschränkungen versetzungsbereit;
Bei Einschränkungen bitte Erläuterungen:

Entwicklung

Berufliche Ziele/Erwartungen des Mitarbeiters:

stellvertretender Zweigstellenleiter

Ist der Mitarbeiter geeignet,	☐ kurz-,		☒ langfristig*	☒ Ja
diese Ziele/Erwartungen		☐ mittel-,	zu erreichen	☐ Nein

Vorschläge zur beruflichen Entwicklung

☐ weitere Arbeitsplatzerfahrung sammeln	☐	☐	☒	*kurzfristig: bis zu 1 Jahr
☐ die Aufgaben des derzeitigen Arbeits-	☐	☐	☐	mittelfristig: bis zu 3 Jahren
platzes qualitativ und quantitativ erweitern				langfristig: über 3 Jahre
☐ Arbeitsplatz m. höheren Anforderungen	☐	☐	☐	
übertragen				
☐ Sonstiges	☐	☐	☐	Bitte Entsprechendes ankreuzen

Bemerkungen: _____

Benötigte fach- und führungsbezogene Fortbildung
für die **derzeitigen Aufgaben** auf folgenden Gebieten (detaillierte Angaben):

Abrundung des Fachwissens auf dem Gebiet der Kreditberatung
und -bearbeitung, der aktiven Kundenbetreuung und Arbeitsmethodik

für die **kurzfristige Entwicklung** auf folgenden Gebieten:
-,-,-

Kann der genannte Fortbildungsbedarf durch das interne Seminarangebot
befriedigt werden?

☒ Ja   Bitte senden Sie in diesen Fällen die entsprechenden Seminar-
          meldungen an PER/Aus- und Fortbildung (PER/Af).
☐ Nein   Bitte informieren Sie sich bei der PER/Af, ob und welche anderen
          Fortbildungsmaßnahmen wahrgenommen werden können.

Es wird ein Informationsaufenthalt bei (Abteilung/Filiale)____-,-,-____ für (Dauer) _____empfohlen

---

Stellungnahme

☐ Einverstanden   ☐ Nicht einverstanden mit folgenden Punkten:

Begründung (bitte ggf. auf gesondertem Blatt):

Name (in Druckbuchstaben) und Personal-Nummer des Beurteilers

Maier   25 677

Unterschriften

Datum	Mitarbeiter	Beurteiler	nächsthöherer Vorgesetzter

Abbildung 10: Beispiel für eine Mitarbeiterbeurteilung aus der
Praxis einer Großbank

51

Beschreibung der Beurteilungsmerkmale

Arbeitsergebnis
Das Arbeitsergebnis eines Mitarbeiters ist die Summe seiner persönlichen Einzelleistungen.

Arbeitsqualität ist die Güte der geleisteten Arbeit. Arbeitsqualität ist z.b. feststellbar an der Wirksamkeit und Verwertbarkeit der Ergebnisse, an der Arbeitsgenauigkeit und an der Häufigkeit und dem Ausmaß von Fehlern, Mängeln und Reklamationen.

Arbeitsquantität ist die Menge der geleisteten Arbeit in einer bestimmten Zeit. Arbeitsquantität ist z.b. feststellbar an der benötigten Zeit pro Auftrag, dem Arbeitstempo, dem Ausnutzungsgrad der Arbeitszeit.

Arbeitsverhalten
Das Arbeitsverhalten beeinflußt das eigene Arbeitsergebnis sowie das Arbeitsergebnis anderer.

Zusammenarbeit ist das Verhalten gegenüber Mitarbeitern aller Ebenen in der eigenen und in anderen Stellen: z.B. Informationen und Erfahrungen abgeben bzw. aufnehmen, sachlich konstruktive Kritik über- oder entgegennehmen, ggf. neue Mitarbeiter einweisen und bei Ausbildern: Auszubildende unterweisen. Zusammenarbeit heißt auch, sich in eine Gruppe einordnen und anderen Mitarbeitern helfen, wenn es erforderlich ist.

Arbeitsplanung bezieht sich auf die Einteilung der eigenen Arbeit: z.B. durch wirtschaftliche Arbeitsweise zweckmäßige und kostengerechte Lösungen von Aufgaben finden, Unterziele für den eigenen Aufgabenbereich setzen, rationell arbeiten, Leerlauf und Doppelarbeiten vermeiden.

Arbeitseinsatz ist das persönliche Engagement des Mitarbeiters: z.b. anstehende Aufgaben tatkräftig angehen, Interesse und Initiative zeigen, aktiv mitarbeiten.

Selbständigkeit meint das Lösen der eigenen Aufgaben unabhängig von Überwachung und Anleitung durch andere Mitarbeiter aller Ebenen: z. B. Suchen neuer Lösungswege für eigene Aufgaben, eigenverantwortliches Setzen von Schwerpunkten, Selbstkontrolle der erarbeiteten Ergebnisse.

Übernahme der Verantwortung heißt, für die Folgen persönlichen Handelns im übertragenen Aufgabenbereich einstehen: z.b. der Gebrauch von Kompetenzen, das Einhalten von Zielsetzungen und Richtlinien der Bank, das Treffen von Entscheidungen.

-offen-: Hier kann der Beurteiler zusätzlich ein für den jeweiligen Arbeitsplatz typisches und wichtiges Merkmal des Arbeitsverhaltens wählen. Das einzusetzende Merkmal ergibt sich aus der Aufgabenstellung des Arbeitsplatzes. So soll z.b. bei Beratern Akquisitionsverhalten, bei Schalterdisponenten Verhalten im Kundenkontakt beurteilt werden. Bitte lesen Sie hierzu die entsprechenden Punkte in den Broschüren.

Bei Mitarbeitern ohne Führungsverantwortung sind die Faktoren Arbeitsergebnis und Arbeitsverhalten als gleichwertig zu betrachten.

Führungsverhalten
Bei Mitarbeitern mit Führungsverantwortung ist – neben dem Arbeitsergebnis und dem Arbeitsverhalten – das Führungsverhalten die dritte gleichwertige Einflußgröße.

Planung und Koordination ist die gesamte mitarbeiterbezogene und anleitende Tätigkeit der Führungskraft: z.b. Festlegen von Zielen, Ausarbeiten von Plänen zur Bewältigung der Aufgaben,

Ordnen des Zusammenwirkens von Mitteln und Personen, Regeln der Stellvertretung.

Entscheidungsverhalten bedeutet, durch klares und rechtzeitiges Entscheiden Handlungen von Mitarbeitern zu ermöglichen. Dazu gehört, Sachverhalte situationsgerecht zu bewerten, auftretende Probleme zu klären und die betroffenen Mitarbeiter am Entscheidungsprozeß zu beteiligen.

Information/Kommunikation heißt, den Mitarbeitern durch Anleitung und durch Unterrichtung über betriebliche und überbetriebliche Zusammenhänge Wissen zu vermitteln, so daß sie in der Lage sind, in ihrem Aufgabengebiet selbständig zu handeln und richtig zu entscheiden.

Delegation ist das Übertragen von Aufgaben mit entsprechenden Kompetenzen zur eigenverantwortlichen Erledigung durch Mitarbeiter. Dazu gehört, alle Aufgaben zu übertragen, die von den Mitarbeitern unter Berücksichtigung ihrer Eignung und Leistungsfähigkeit wahrgenommen werden können, das Übertragen der notwendigen Kompetenzen und Verantwortlichkeiten sowie die klare Abgrenzung der Aufgabenbereiche.

Kontrolle heißt, die Erledigung der übertragenen Aufgaben durch die Mitarbeiter in bezug auf Ablauf und Erfolg überwachen. Prüfen, ob und wie die Zielsetzung der Stelle vom Mitarbeiter erreicht wird, dazu gehört, das Ergebnis einer Kontrolle mit dem Mitarbeiter zu besprechen.

Motivation heißt, Interesse, Initiative und Aktivitäten der Mitarbeiter wecken bzw. erhalten. Das bedeutet auch, Anerkennung und Kritik in geeigneter Weise zu geben.

Entwicklung/Förderung der Mitarbeiter ist das Verhalten, Mitarbeiter ihren Fähigkeiten entsprechend systematisch und gezielt zu fördern: Fortbildungsmaßnahmen erkennen und selbst durchführen

54

bzw. anbieten, die Selbständigkeit und die Übernahme von Verantwortung weiterentwickeln, Mitarbeiter in ihrem und im Interesse der Bank für andere Aufgaben freistellen.

Die Beurteilung der einzelnen vorgenannten Merkmale beschränkt sich auf eine – möglichst objektive – Beschreibung der erbrachten Leistungen und ist somit zwangsläufig vergangenheitsbezogen.

Ihre Angaben zu den weiteren Abschnitten erläutern Ihre Beurteilungsergebnisse und bilden die Grundlage für in der Zukunft liegende Maßnahmen. Bitte machen Sie deshalb *in jedem* Fall Angaben zu den Abschnitten „Situation am Arbeitsplatz", „Derzeit nicht genutzte Fähigkeiten", „Eignung" und „Versetzungsbereitschaft".

Die Abschnitte „Entwicklung" und „Benötigte fach- und führungsbezogene Fortbildung" beantworten Sie bitte im jeweils erforderlichen Umfang.

Weitere Erläuterungen

Situation am Arbeitsplatz
Ihre Angaben hierzu werden sich aus den bisherigen Daten des Beurteilungsbogens ergeben und diese näher erläutern. Bitte geben Sie möglichst konkrete Informationen.

Stärken des Mitarbeiters: Warum z.B. übertrifft der Mitarbeiter deutlich die Anforderungen im Merkmal „Arbeitsquantität"?

Probleme: Wo ergeben sich Probleme am Arbeitsplatz. Woran liegt es z.B., wenn der Mitarbeiter in der Arbeitsplanung seine Anforderungen nur mit Einschränkungen erfüllt? Hier sollen Sie auch Probleme, die im persönlichen Bereich des Mitarbeiters liegen (z.B. äußere Erscheinung/Umgangsformen), deutlich machen.

Ursachen: Die Problemstellung ist erkannt, jetzt kommt es darauf an, die Auswirkungen auf ihre Ausgangspunkte hin zu betrachten. Ist es ein „weiß nicht/kann nicht/will nicht/darf nicht"-Problem? Oder ist das Problem auf äußere Einflüsse (Umwelt, Organisation) zurückzuführen?

Lösungswege: Welche Möglichkeiten sehen Sie/sieht der Mitarbeiter, die Ursachen der dargestellten Probleme auszuräumen? Wichtig dabei ist, die im eigenen Bereich liegenden und oft ebenso einfachen wie naheliegenden Möglichkeiten zu erörtern. Die vereinbarten und genannten Lösungswege sollten im entsprechenden Abstand zum Beurteilungsgespräch auf ihre Einhaltung und Wirksamkeit diskutiert und, wenn nötig, aktualisiert werden.

Derzeit nicht genutzte Fähigkeiten/Kenntnisse
Ihre Angaben sollten jene beruflichen Fähigkeiten und Kenntnisse beschreiben, die der Mitarbeiter am jetzigen Arbeitsplatz nicht oder nur teilweise einsetzen kann, z.b. erfolgreich absolvierter Sekretärinnenkurs bei Steno/Phonotypistinnen etc.

Eignung
Hier sollten Sie Ihre Einschätzung der Eignung des Mitarbeiters festhalten. Stimmen Ihrer Meinung nach Eignung und Arbeitsplatztyp (mit/ohne Kundenkontakt, mit Führungsverantwortung) des Mitarbeiters überein? Wenn nein, welche Möglichkeiten sehen Sie?

Versetzungsbereitschaft
Für eine Filialbank unserer Größe kommt der Frage der Versetzungsbereitschaft besondere Bedeutung zu. Deshalb ist es wichtig, hier Angaben zu erhalten, die eine Einsatzplanung unter größtmöglicher Berücksichtigung der Mitarbeiterinteressen erlaubt.

Entwicklung
Berufliche Ziele und Erwartungen des Mitarbeiters: Die Angaben hierzu sind vom Mitarbeiter zu machen. Es können Ziele, die sich

aus der jetzigen Tätigkeit ableiten lassen, oder auch z.B. Versetzungswünsche in andere Abteilungen/Filialen bzw. Arbeitsbereiche genannt werden.

Ist der Mitarbeiter geeignet, diese Ziele/Erwartungen zu erreichen?
Hiermit geben Sie in besonderer Weise Informationen zur qualitativen Personalplanung, zur Nachwuchs- und Nachfolgeplanung sowie zur Einsatzplanung. Bitte berücksichtigen Sie bei Ihren Angaben nur das Leistungspotential und die Persönlichkeit des Mitarbeiters. Selbstverständlich werden Ihre Angaben im größtmöglichen Umfang berücksichtigt, wenn personelle Entscheidungen zu treffen sind. – Ihre Angaben können jedoch keine verbindliche Zusage gegenüber Ihren Mitarbeitern sein. Ihre positive Stellungnahme kann also keinen Anspruch z.B. auf Versetzung, Beförderungen etc. begründen.

Vorschläge zur weiteren beruflichen Entwicklung
Bitte nennen Sie hier die Maßnahmen, die Ihrer Meinung nach geeignet sind, die berufliche Entwicklung des Mitarbeiters zu fördern. Bitte kreuzen Sie – wie auch oben – jeweils an, welche Zeitvorstellungen Sie dabei haben.

Benötigte Fortbildung
Die Summe aller Angaben soll den gesamten Fortbildungsbedarf ihrer Organisationseinheit widerspiegeln. Dabei bitten wir Sie jeweils getrennt anzugeben, ob z.B. eine Schulung in einem Bereich des Wertpapiergeschäfts oder eine Maßnahme zur Verbesserung des Akquisitionsverhaltens als Anpassungsschulung (für den derzeitigen Arbeitsplatz) oder als Entwicklungsschulung (für z.B. künftig zu übernehmende Aufgaben) zu sehen ist.

Ja: . . . Nur so ist gewährleistet, daß Ihre Vorschläge realisiert werden können. Nein: . . . Soweit kein Angebot an internen Seminaren (siehe auch Broschüre „Innerbetriebliche Aus- und Fortbildung") besteht, lassen Sie sich von PER/Aus- und Fortbildung beraten, welche Möglichkeiten zur Deckung des speziellen Fortbildungsbedarfs bestehen.

Informationsaufenthalt
Hierunter fallen die kurzfristigen Versetzungen/Zuweisungen mit dem Ziel, vorhandene Kenntnisse zu vertiefen bzw. zusätzliche Kenntnisse zu erwerben. Das kann innerhalb Ihrer Stelle oder zwischen den Filialen bzw. der Zentrale durchgeführt werden. Soweit möglich, soll bereits zum Zeitpunkt des BU-Gesprächs diese Maßnahme mit Ihrer Leitung und PER abgestimmt sein.

Stellungnahme des Mitarbeiters

Die Unterschrift des Mitarbeiters ist immer erforderlich.
Erklärt sich ein Mitarbeiter mit seiner Beurteilung nicht einverstanden, bitten Sie ihn, in jedem Fall im vorgesehenen freien Raum eine Begründung abzugeben. PER wird nach Erhalt des Beurteilungsbogens im Einvernehmen mit allen Beteiligten (Mitarbeiter, Vorgesetzte und auf Wunsch des Mitarbeiters mit dem zuständigen Betriebsrat) eine Problemlösung suchen.

5.4 Entgelt- und Sozialpolitik

5.4.1 Entgeltpolitik

Entgeltpolitik ist ein weiterer wichtiger Bestandteil der betrieblichen Personalwirtschaft. Das *Arbeitsentgelt* ist sowohl für das Unternehmen, für das es ein Hauptkostenfaktor ist, als auch für den Arbeitnehmer, für den es die Sicherung seiner Existenz darstellt, von besonderer Bedeutung.

Darüber hinaus sind *Lohn* (für Arbeiter) und *Gehalt* (für Angestellte) als der Hauptmotivationsfaktor anzusehen. Eine durch den Arbeitnehmer als gerecht empfundene Bezahlung seiner Arbeitsleistung trägt entscheidend zu seiner Arbeitszufriedenheit und somit zur Steigerung der Produktivität bei.

Betrachtet man die grundlegenden Möglichkeiten der betrieblichen Entlohnung, so ist diese mittels dreier Verfahren möglich.

Die *soziale Entlohnung* orientiert sich an den Bedürfnissen der Arbeitnehmer. So würde z.b. ein Arbeitnehmer mit drei Kindern mehr verdienen als einer ohne Kinder, obwohl er die gleiche Tätigkeit ausübt. Diese Form der Entlohnung ist in der Praxis von untergeordneter Bedeutung und tritt nur als kleiner Bestandteil des Gesamtentgeltes auf.

Gleiches gilt auch für die *finale Entlohnung,* also für eine Bezahlung, die den Arbeitnehmer am Marktergebnis des Unternehmens beteiligt. In einer möglichen Ausprägung als Gewinnbeteiligung ist sie auch nur ergänzender Bestandteil des Gesamtlohnes.

Wegen ihrer großen Bedeutung soll die *kausale Entlohnung* näher erläutert werden. Sie ist die Entlohnungsform, die sich sowohl nach den Anforderungen der Stelle als auch nach den Leistungen des Arbeitnehmers bemißt und die gemäß der nachstehenden Darstellung zu gliedern ist.

Der oben erwähnte Anforderungsbezug wird hierbei mit Hilfe der *Arbeitsbewertung* erreicht. Der einzelne Arbeitsplatz bzw. die anfallende Tätigkeit wird analysiert, und über eine Bewertung des Arbeitsablaufes gelangt man zu einem Arbeitswert. Dieser führt dann zu einer Einstufung in das Gehaltssystem.

Beim *Zeitlohn* als eine Form der kausalen Entlohnung errechnet sich die Höhe des Entgelts in Abhängigkeit von den geleisteten Arbeitsstunden. In der Praxis werden bei Arbeitern die Vergütun-

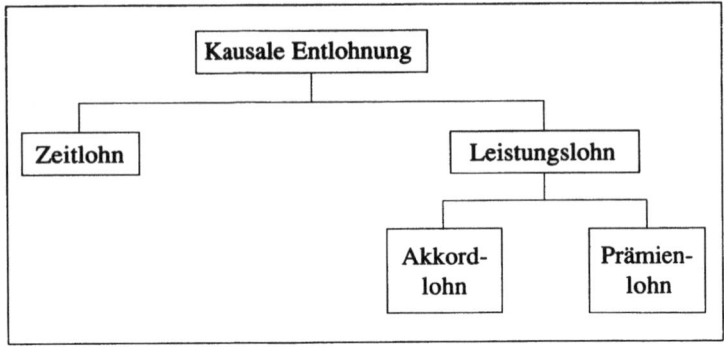

Abbildung 11: Die kausale Entlohnung ist die wichtigste Möglichkeit der bertrieblichen Entlohnung

gen auf der Basis eines Stundenlohnes gezahlt, bei Angestellten zieht man einen Monat als Abrechnungsbasis heran.

Akkordlohn ist eine Art der kausalen Entlohnung nach dem mengenmäßigen Arbeitsergebnis. Mit steigender Leistung wächst auch der Verdienst und umgekehrt. Seine Berechnung erfolgt nach diesem Vorgehen:

1. Zunächst wird der Akkordrichtsatz ermittelt, der die Ausgangsbasis darstellt.

	Akkordgrund- lohn (i.d.R. Tariflohn)	+	Akkordzu- schlag	=	Akkordricht- satz
Beispiel:	20 DM	+	25 %	=	25 DM

2. Sodann kann die weitere Berechnung über die Stückzahl (Geld- bzw. Stückakkord) oder über die Zeit pro Stück (Zeitakkord) erfolgen, das Ergebnis ist identisch:

60

a) Stückakkord:

$$\text{Stückakkordsatz} = \frac{\text{Akkordrichtsatz}}{\text{Stück Normalleistung}}$$

Beispiel: $\dfrac{25,- \text{ DM}}{10} = 2,50 \text{ DM pro Stück}$

Stundenverdienst bei 16 Stck./ Std. = Menge x Stückkkordsatz
16 x 2,50 DM = 40 DM

b) Zeitakkord:

$$- \frac{60 \text{ min}}{\substack{\text{Stückzahl} \\ \text{bei } 100\,\%}} \qquad \text{Beispiel:} \quad \frac{60 \text{ min}}{10} = 6 \frac{\text{min}}{\text{St.}}$$

$$- \frac{\text{Akkord-richtsatz}}{60 \text{ min}} = \substack{\text{Minu-} \\ \text{ten-} \\ \text{faktor}} \qquad \text{Beispiel:} \quad \frac{25 \text{ DM}}{60 \text{ min}} = 0,417$$

– Stückzahl	x	Vorgabezeit	=	Verrechnungszeit
Beispiel: 16	x	6	=	96 min

– Verechnungszeit	x	Minutenfaktor	=	Stundenverdienst
96	x	0,417	=	40 DM

Anzumerken ist, daß in der Bundesrepublik der Akkordlohn meistens mit einem garantierten Mindestlohn verbunden ist, den der Arbeitnehmer auch dann erhält, wenn er nur unterdurchschnittliche Leistung erbringt.

Der *Prämienlohn* dagegen honoriert sowohl quantitative als auch qualitative Leistungen. So können Prämien auf Termineinhaltung, Materialausnutzung (Verschnitt), Qualität (Reklamationshöhe) usw. gezahlt werden, die den Grundlohn leistungsabhängig erhöhen.

61

5.4.2 Sozialpolitik

Die Sozialpolitik im Unternehmen befaßt sich mit der Gewährung betrieblicher Sozialleistungen. Dies sind freiwillige, nicht gesetzlich vorgeschriebene Zuwendungen des Unternehmens, die nicht zum Arbeitsentgelt zählen, sondern vielmehr aus der unternehmerischen Fürsorgepflicht erwachsen.

Solche betrieblichen Sozialleistungen können z.b. sein:

- Gewährung einer Umzugsbeihilfe

- Hilfe bei der Wohnungsbeschaffung

- Vermietung günstiger Werkswohnungen

- Jubiläumsgelder

- Gewährung von Fahrgeldzuschüssen

Zweck solcher Sozialleistungen ist die Erhaltung und Steigerung der Leistungsfähigkeit und -willigkeit der Mitarbeiter über ein verbessertes Betriebsklima. Ferner kann sich der Unternehmer einen guten Ruf auf dem Arbeitsmarkt schaffen und damit seine Beschaffungsmöglichkeiten neuer Arbeitskräfte verbessern.

Betriebliche Sozialleistungen müssen attraktiv und zeitgemäß sein, was eine ständige Beobachtung dieses Sektors außerhalb der eigenen Unternehmung erfordert. Sie sollen darüber hinaus bei der Belegschaft bekannt und geschätzt, folglich nicht als selbstverständlich empfunden werden. Eine derartige betriebliche Sozialpolitik ist mithin auch ein Instrument einer guten Unternehmens- und Personalführung.

5.5 Personalcontrolling

Das Personalcontrolling ist eine noch jüngere Facette des Personalwesens. Es hat zur Aufgabe, die Personalseite des Unternehmens für die Führungsverantwortlichen transparent zu machen.

Personalcontrolling erbringt hierzu Dienstleistungen, die weniger mit Kontrolle zu tun haben, sondern zur Steuerung und weiteren Planung beitragen sollen. Das Personalcontrolling soll die Selbstkontrolle durch den Verantwortlichen unterstützen und diesen nicht etwa kontrollieren oder ihm Entscheidungen abnehmen.

Hierzu werden in der praktischen Arbeit des Personalcontrollers, die in enger Zusammenarbeit mit den Aufgabenträgern der Personalabteilung erfolgt, zunächst Daten erhoben, die dann analysiert und kommentiert werden. Ein typisches Beispiel ist die Installation eines EDV-gestützten Personalinformationssystems. Mit dessen Hilfe und einer systematischen Berichterstattung, die Ursachen erkennen und frühzeitig auf zukünftige Entwicklungen hinweisen soll, liefert das Personalcontrolling Informationen und Ideen zur ertragsorientierten Steuerung des Personalbereichs.

6 Arbeitsrecht

6.1 Grundlagen

Das Arbeitsrecht als ein Teilgebiet unseres gesamten Rechtssystems ist mit seiner Vielfalt an Bestimmungen und Regelungen von großer Bedeutung für das Personalwesen. Es gibt sozusagen den Rahmen vor, in dem sich viele Aktivitäten der betrieblichen Personalwirtschaft abspielen. Im folgenden wird deshalb ein allgemeiner Überblick gegeben, der sich mit einigen wichtigen Bestandteilen des Arbeitsrechts beschäftigt.

Zunächst sollen die Aufgaben des Arbeitsrechts erläutert werden. Hier lassen sich zwei grundlegende Aufgaben des Arbeitsrechts kennzeichnen: *Arbeitsrecht als Arbeitnehmerschutzrecht* und *Arbeitsrecht zur Regelung der Mitbestimmung der Arbeitnehmer.*

Zum einen soll das Arbeitsrecht als *Arbeitnehmerschutzrecht* fungieren. Schutz des Arbeitnehmers vor gesundheitlicher und materieller Gefährdung ist hier das Ziel des Gesetzgebers bei der Gestaltung des Arbeitsrechts. Das sind Gefährdungen, gegen die sich der Arbeitnehmer alleine nur unzulänglich absichern kann, da er bei Vertragsverhandlungen der wirtschaftlich Schwächere ist. Deshalb wurde mit staatlicher Hilfe ein Mindestrahmen definiert, der durch einzelne Arbeitsverträge nicht umgangen werden kann und der seinen Niederschlag z.B. in folgenden Punkten gefunden hat:

- Kündigungsschutzgesetz, Mutterschutzgesetz, Arbeitszeitordnung

- Regelung der Arbeitsbedingungen durch die Gewerkschaften und Arbeitgeberverbände in Form von Tarifverträgen als Kompromiß gleichstarker Verhandlungspartner

Zum anderen enthält das Arbeitsrecht die *Regelung der Mitbestimmung der Arbeitnehmer*. Zweck dieser Mitbestimmung ist einerseits der oben erwähnte Schutz des Arbeitnehmers vor ihn benachteiligenden Entscheidungen des Arbeitgebers. Andererseits soll sie aber auch zur Korrektur bestimmter Ereignisse dienen, die sich als Folgen eines marktwirtschaftlichen Systems ergeben. Das sind die Konzentration von Kapital und Entscheidungsbefugnis für die gesamte Unternehmenspolitik in den Händen der Eigentümer der Unternehmung. Diese Absicht des Arbeitsrechts äußert sich z.B. im Betriebsverfassungsgesetz und im Mitbestimmungsgesetz.

Zum weiteren besseren Verständnis ist die Frage nach der *Systematik des Arbeitsrechts* zu klären. Es besteht aus zwei Hauptblöcken, die durch die Arbeitsgerichtsbarkeit flankiert werden, wie aus Abb. 12 hervorgeht.

Beim *Individualarbeitsrecht* werden Arbeitnehmer und Arbeitgeber als individuelle Personen in den Mittelpunkt der Regelungen gestellt. Beim *Kollektivarbeitsrecht* wird der einzelne Arbeitnehmer nur noch als Mitglied einer Gewerkschaft bzw. der Arbeitnehmerschaft eines Betriebes angesehen. Eine besondere Rolle spielt die *Arbeitsgerichtsbarkeit*. Mit ihrer Hilfe können Rechte und

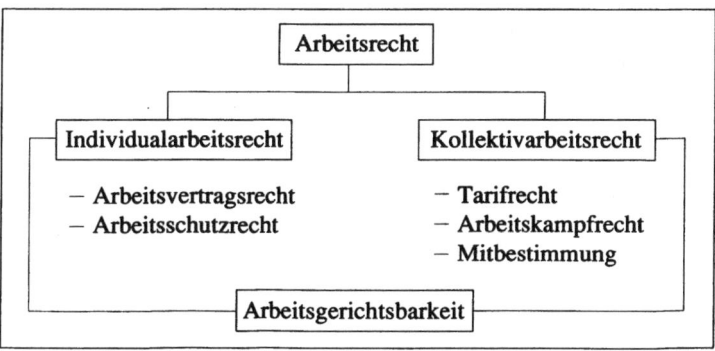

Abbildung 12: Das Arbeitsrecht besteht aus 2 „Hauptblöcken"

Pflichten aus den verschiedenen Bereichen des Arbeitsrechts durchgesetzt werden.

Wie schon aus den bisherigen Erläuterungen deutlich wurde, ist das Arbeitsrecht entscheidend mit dem Begriff des Arbeitnehmers verbunden. In den Schutz zahlreicher Regelungen des Arbeitsrechts soll somit nur derjenige kommen, der Arbeitnehmer ist. Deshalb werden im folgenden Begriffsklärungen vorgenommen.

Arbeitnehmer ist, wer in einem privatrechtlichen Arbeitsverhältnis beschäftigt ist und fremdbestimmte Arbeit leistet, während er in eine Arbeitsorganisation eingegliedert ist. Das bedeutet, daß hier Berufsgruppen, wie z.b. Soldaten, Richter oder Beamte, nicht gemeint sind (kein privatrechtlicher Arbeitsvertrag). Ebenfalls nicht angesprochen ist der *Selbständige*, der im Gegensatz zum Arbeitnehmer frei darin ist, wie, wo und wann er arbeitet (keine Fremdbestimmung, keine Eingliederung in eine Arbeitsorganisation). *Arbeitgeber* sind diejenigen natürlichen und juristischen Personen (somit auch die GmbH oder Aktiengesellschaft oder z.B. das Land Nordrhein-Westfalen), die mindestens einen Arbeitnehmer in abhängiger Arbeit beschäftigen und ihm gegenüber das originäre Direktionsrecht besitzen. Sie haben das Recht, dem Arbeitnehmer Anweisungen zu erteilen bezüglich Inhalt, Zeitpunkt, Ort u.a. seiner Arbeit. Dieses Direktionsrecht (auch Weisungsrecht genannt) steht ihnen originär zu, ist also von keiner anderen Person verliehen oder abgeleitet.

6.2 Individualarbeitsrecht

Aus dem Individualarbeitsrecht werden im folgenden wegen ihrer grundsätzlichen Bedeutung die beiden Themen Arbeitsvertrag und Kündigung näher betrachtet.

66

6.2.1 Der Arbeitsvertrag

Der Arbeitsvertrag begründet das Arbeitsverhältnis und schafft damit die Voraussetzungen für die Anwendbarkeit der übrigen arbeitsrechtlichen Regelungen im Rahmen des konkreten Arbeitsverhältnisses. Er legt die allgemeine Art der Arbeit fest, die der Arbeitnehmer im Betrieb ausführen soll, z.B. Sekretärin, Maschinenschlosser, Programmierer o.ä.

Darüber hinaus hat der Arbeitsvertrag häufig eine ergänzende Funktion, sofern der Inhalt des Arbeitsverhältnisses weitgehend durch Tarifverträge und Betriebsvereinbarungen festgelegt ist. Das bedeutet, daß das *Prinzip der Vertragsfreiheit*, welches zu den Grundpfeilern unserer Privatrechtsordnung zu zählen ist, im Arbeitsvertragsrecht *nur mit einer Reihe gravierender Einschränkungen* gilt. Hierdurch soll der Schutz des Arbeitnehmers verbessert werden.

Rechtlich betrachtet ist der Arbeitsvertrag ein *schuldrechtlicher Vertrag* im Sinne des BGB, aus dem er hervorgegangen ist; beide Vertragsparteien gehen Verpflichtungen ein, damit sie auch Rechte aus dem Vertrag herausleiten können.

Er ist wie andere Verträge auch – z.B. Kaufvertrag, Mietvertrag – ein zweiseitiger Vertrag und als solcher die wichtigste *Unterart des Dienstvertrages* nach § 611 ff. BGB, dessen Vorschriften auch für den Arbeitsvertrag gelten.

Die o.g. Pflichten lassen sich in *Haupt- und Nebenpflichten* einteilen:

	Arbeitnehmer	Arbeitgeber
Hauptpflichten	Arbeitspflicht	Zahlung Arbeitsentgelt
Nebenpflichten	Treuepflichten: – Verschwiegenheit – Unbestechlichkeit – Wettbewerbsverbot (Verbot der Ausübung einer gleichartigen Tätigkeit während des Arbeitsverhältnisses) – Überwachungspflicht (Abwendung von Schäden)	– Schutz der Gesundheit – Gewährung von Erholungsurlaub – Gleichbehandlung – Beschäftigung (Verbot einer Suspendierung bei Fortzahlung des Entgelts)

Abbildung 13: Pflichten aus dem Arbeitsvertrag

6.2.2 Die Kündigung

Jede Partei des Arbeitsverhältnisses ist in der Lage, sich einseitig von diesem Arbeitsverhältnis zu lösen. Das Instrument, mit dem dieses herbeigeführt wird, ist die *Kündigung*. Die Kündigung ist nur ein *einseitiges Rechtsgeschäft*, d.h., sie wird auch gegen den Willen einer Partei des Arbeitsvertrages wirksam. Allgemein ist eine Kündigung formfrei, sie kann schriftlich wie mündlich erfolgen; Formvorschriften werden jedoch häufig tarifvertraglich oder im Einzelvertrag vorgeschrieben.

Zu unterscheiden sind grundsätzlich *ordentliche* und *außerordentliche Kündigungen*. Daß das Arbeitsrecht gerade auf dem Teilgebiet der Kündigung ein Arbeitnehmerschutzrecht ist, zeigt sich bei der Frage, ob zur *ordentlichen Kündigung* ein Grund vorliegen muß oder nicht. Denn die Kündigung durch den Arbeitnehmer ist überwiegend problemlos. Er muß keine Gründe angeben und braucht lediglich die gesetzlichen – oder evtl. tariflichen bzw. einzelvertraglichen – Fristen zu wahren.

Dagegen wird der Arbeitnehmer gegen eine willkürliche Kündigung des Arbeitgebers vielfach geschützt. Der Arbeitgeber muß auch eine ordentliche Kündigung ausdrücklich begründen.

Die *Fristen einer solchen ordentlichen Kündigung*, d.h. die Dauer, bis die Kündigungserklärung wirksam wird, sind gesetzlich definiert und betragen grundsätzlich für Arbeiter und Angestellte gleichermaßen vier Wochen bis zum 15. oder zum Ende des Kalendermonats.

Diese Fristen können jedoch durch Tarifvertrag oder einzelvertraglich verlängert werden, sie steigen auch mit der Zeit der Betriebszugehörigkeit. Unter bestimmten Voraussetzungen ist eine Verkürzung zulässig.

Die *außerordentliche Kündigung* dagegen beendet das Arbeitsverhältnis, ohne daß es der Einhaltung einer gesetzlichen oder vertraglichen Kündigungsfrist bedarf; sie wird deshalb auch fristlose Kündigung genannt.

Sie darf, wie bereits erwähnt, auch nur aus *wichtigem Grund* erfolgen. Als solch wichtiger Grund ist z.B. anzusehen:

bei Kündigung durch den Arbeitgeber:	*bei Kündigung durch den Arbeitnehmer:*
– beharrliche Arbeitsverweigerung	– wiederholter Verzug bei der Zahlung des Arbeitsentgelts
– Diebstahl	– grobe Mißachtung der Sicherheitsbestimmungen durch den Arbeitgeber
– eigenmächtiger Urlaubsantritt	– Tätlichkeiten gegen den Arbeitnehmer

Weiter hinzuweisen ist darauf, daß gemäß § 102 Abs. 1 Betriebs-verfassungsgesetz der Arbeitgeber den Betriebsrat vor jeder Kün-digung anhören muß. Eine ohne Anhörung des Betriebsrats ausge-sprochene Kündigung ist unwirksam.

Durch diese Anhörung erhält der Betriebsrat jedoch lediglich die Möglichkeit, auf die Willensbildung des Arbeitgebers Einfluß zu nehmen. Die Entscheidung über die Kündigung liegt aus-schließlich beim Arbeitgeber. Der Arbeitnehmer hat dann noch die Möglichkeit, die Kündigung gerichtlich auf Rechtmäßigkeit prüfen zu lassen.

6.3 Kollektivarbeitsrecht

Das Kollektivarbeitsrecht – der Teil des Arbeitsrechts, der den Arbeitnehmer nicht als einzelnen, sondern als Mitglied der Arbeit-nehmergemeinschaft sieht – befaßt sich mit dem Tarifvertrags-recht, dem Arbeitskampfrecht und der Mitbestimmung des Arbeit-nehmers. Hierauf soll im folgenden näher eingegangen werden.

Die Mitbestimmung des Arbeitnehmers wird grundsätzlich in zwei Ebenen unterschieden: Mitbestimmung auf betrieblicher und auf Unternehmensebene.

Die betriebliche Mitbestimmung soll hierbei eine Beteiligung der Arbeitnehmer an der Gestaltung der betrieblichen Arbeitsbedin-gungen sichern, während bei der Unternehmensmitbestimmung die Mitwirkung der Arbeitnehmer bei den unternehmerischen Ent-scheidungen im Vordergrund steht.

Im Sinne einer juristischen Definition sind hierbei zu unterschei-den:

- der *Betrieb* als eine organisatorische Einheit des Unternehmens, in der mit sachlichen und personellen Mitteln arbeitstechnische Zwecke verfolgt werden

- die *Unternehmung* als wirtschaftliches und rechtliches Ganzes, die den Zweck festlegt und überwacht. Mehrere Betriebe (oder auch nur einer) sind dem Unternehmen zugeordnet

6.3.1 Betriebliche Mitbestimmung

Die betriebliche Mitbestimmung hat als Grundgedanken den Abbau der Fremdbestimmung am Arbeitsplatz. *Im Betriebsverfassungsgesetz (BetrVG)* ist geregelt, daß sich sein Geltungsbereich im Prinzip auf alle Betriebe mit mindestens fünf Arbeitnehmern erstreckt. Ausgenommen ist jedoch der öffentliche Dienst, für den es ein entsprechendes Personalvertretungsgesetz gibt.

Ausgenommen ist weiter die Gruppe der *leitenden Angestellten.* Für sie gelten die Vorschriften des BetrVG und somit die betriebliche Mitbestimmung nicht. Der Begriff des leitenden Angestellten ist im Gesetz nicht eindeutig definiert. Sie werden jedoch allgemein als Angestellte bezeichnet, die arbeitgeberähnliche Funktionen ausüben oder hochqualifizierte und verantwortungsvolle Stabsarbeiten leisten (z.B. das Einstellen und Entlassen, der Besitz von Generalvollmacht oder Prokura) und somit für den Bestand und die Entwicklung des Unternehmens wichtig sind. Weiteres Kennzeichen ist, daß leitende Angestellte Entscheidungen im wesentlichen frei von Weisungen treffen können. Für die Vertretung der Interessen dieser leitenden Angestellten hat der Gesetzgeber das *Sprecherausschußgesetz* erlassen.

Weiterhin legt das BetrVG *Organe* fest, über die Mitbestimmung umgesetzt wird. Diese Organe haben unterschiedliches Gewicht, das wichtigste ist der *Betriebsrat.* Der Betriebsrat, dessen Zusam-

71

mensetzung, Wahl und Geschäftsführung im BetrVG geregelt ist, stellt die Interessenvertretung der Arbeitnehmer dar. Er wird von den Arbeitnehmern gewählt und soll in vertrauensvoller, harmonischer Zusammenarbeit mit dem Arbeitgeber die betriebliche Mitbestimmung ausüben.

Ein wichtiges Instrument hierzu ist die *Betriebsvereinbarung*. Sie ist ein Vertrag zwischen Arbeitgeber und Betriebsrat, der, auf den einzelnen Betrieb beschränkt, die dortigen Arbeitsverhältnisse regelt.

Führt die Zusammenarbeit von Arbeitgeber und Betriebsrat nicht zum Erfolg, also zu keiner Einigung, sieht das Gesetz zur Vermeidung eines Konflikts den Anruf einer Einigungsstelle oder des Arbeitsgerichtes vor, die dann bindend entscheiden.

Der Betriebsrat verfügt bei seiner Arbeit über unterschiedlich starke Beteiligungsformen. Sie reichen von Informationen und Akteneinsicht über Beratung bis zur faktischen Mitbestimmung, ohne die bestimmte Entscheidungen nicht getroffen werden können. Einen Überblick über die Beteiligungsformen und Sachgebiete gibt Abb. 14, deren Beispiele allerdings nicht vollständig sind.

Allgemein kann festgestellt werden, daß die Mitbestimmungsrechte des Betriebsrats im sozialen Bereich am stärksten und im wirtschaftlichen Bereich am schwächsten sind.

6.3.2 Unternehmensmitbestimmung

Der Gegenstand der Unternehmensmitbestimmung ist die Mitgestaltung der Unternehmenspolitik, die sich in Entscheidungen über z.B. Investitionen, Produkte und Absatz vollzieht.

Sachgebiet / Beteiligungsform	Allgemeiner Bereich	Sozialer Bereich	Personeller Bereich	Wirtschaftlicher Bereich
Information	Planung von Anlagen, neue Arbeitsverfahren	Unterrichtung über alle geplanten Maßnahmen des Sozialbereichs	Struktur und Zusammensetzung der Arbeitnehmer eines Betriebs	– Wirtschaftliche Situation – Betriebsstillegung
Beratung	– Planung der Arbeitsplätze – Anforderungen an AN	Unterstützung der zuständigen Organe bei Unfall- u. Gesundheitsvorsorge	– Personalplanung – Ausstattung betrieblicher Einrichtungen	– Zusammenschlüsse – Einführung neuer Arbeitsmethoden oder Produktionsverfahren
Mitbestimmung	Abschluß von Betriebsvereinbarungen	– Beginn und Ende der täglichen Arbeitszeit – Urlaubsplan – Unfallverhütung – Festsetzung von Akkordsätzen	– Erstellung von Personalfragebogen – Einstellungen – Beurteilungsgrundsätze	– Sozialplan

Abbildung 14: Mitbestimmungsrechte des Betriebsrats

Auf Unternehmensebene erfolgt die Mitbestimmung auch nicht über ein gesondertes Organ (wie etwa den Betriebsrat), sondern über den Aufsichtsrat – bzw. ein entsprechendes Organ der unternehmerischen Willensbildung bei anderer Rechtsform als der der Aktiengesellschaft. Da sich jedoch die Mitbestimmung auf Unternehmen konzentriert, die über eine gewisse wirtschaftliche Bedeutung verfügen und diese in der Bundesrepublik überwiegend Aktiengesellschaften (AG) sind, wird weiterhin vom Aufsichtsrat gesprochen.

Die Unternehmensmitbestimmung existiert auf der Basis von drei Rechtsquellen in unterschiedlicher Stärke und orientiert sich an der Unternehmensgröße.

Die *Montan-Mitbestimmung* gemäß dem Montan-Mitbestimmungsgesetz gilt für Montanbetriebe (Kohle, Bergbau, Eisen, Stahl) mit mindestens 1 000 Arbeitnehmern in der Rechtsform der AG oder GmbH.
Der *Aufsichtsrat (AR)* setzt sich wie folgt zusammen: Je nach Größe des Unternehmens bestimmen Arbeitgeber- und Arbeitnehmerseite gleich viele Aufsichtsratsmitglieder. Beide Seiten müssen sich dann auf einen neutrales weiteres AR-Mitglied einigen, so daß es stets zu einer Entscheidung kommt (ungerade Zahl von AR-Mitgliedern) und ferner eine *echte Parität* von Arbeitgeber- und Arbeitnehmerseite besteht.
Darüber hinaus kennt das Montan-Mitbestimmungsgesetz im Vorstand der Unternehmung den *Arbeitsdirektor*. Er kann nicht gegen die Mehrheit der Arbeitnehmervertreter im AR durch diesen gewählt werden und ist als ein Interessenvertreter der Arbeitnehmer im Vorstand anzusehen. Als vollwertiges Vorstandsmitglied führt der Arbeitsdirektor üblicherweise das Personalressort.
Die Montan-Mitbestimmung ist somit die weitestgehende Mitbestimmung auf Unternehmensebene.

Eine schwächere Form der *Mitbestimmung* ist die *gemäß dem Mitbestimmungsgesetz von 1976.* Es gilt für alle Unternehmen, die keine Montanbetriebe sind, mindestens 2 000 Arbeitnehmer haben und die Rechtsform AG, KGaA, GmbH oder e. G. (Genossenschaft) tragen.
Der Aufsichtsrat (AR) setzt sich hier zwar zu gleichen Teilen aus Arbeitgeber- und Arbeitnehmervertretern zusammen (je nach Un-

ternehmensgröße 12, 16 oder 20 AR-Mitglieder), es existiert aber dennoch nur eine „unechte" Parität aus zwei Gründen:

Erstens besitzt der AR-Vorsitzende, der ein Vertreter der *Arbeitgeberseite* ist, bei Pattsituation eine Zweitstimme, die ausschließlich an seine Person gebunden ist. Die Kapitalvertreter geben dadurch den Ausschlag.

Zweitens wird das AR-Mitglied der leitenden Angestellten der *Arbeitnehmerseite* zugeordnet, obwohl es häufig eher arbeitgeberähnliche Funktionen und Denkweisen einnimmt.

Es ergibt sich also ein leichtes Übergewicht der Arbeitgeberseite, trotz der formalen Parität.

Das MitbestG von 1976 definiert zwar ebenfalls einen Arbeitsdirektor im Vorstand der AG. Dieser kann jedoch auch gegen die Mehrheit der Arbeitnehmerseite im Aufsichtsrat gewählt werden, so daß ihm nicht die Bedeutung des Arbeitsdirektors der Montan-Mitbestimmung zukommt.

Die schwächste Form der *Unternehmensmitbestimmung* ist die *gemäß des BetrVG von 1952*. Es gilt für alle Nicht-Montan-Unternehmen von 500 – 2 000 Arbeitnehmern in der Rechtsform AG, KGaA, GmbH oder e. G. (Genossenschaft).
Man spricht hier von einer „1/3-Parität" im Aufsichtsrat, obwohl keine Gleichberechtigung vorliegt. Denn der AR besteht zu zwei Dritteln aus Arbeitgebervertretern und nur zu einem Drittel aus Vertretern der Arbeitnehmerseite.
Die Mitbestimmung vollzieht sich also im Aufsichtsrat, und hier ist die Arbeitnehmerseite deutlich unterrepräsentiert.

Anzumerken ist, daß gemäß der soeben beschriebenen Systematik der Unternehmensmitbestimmung alle Unternehmen mit weniger als 500 Arbeitnehmern *mitbestimmungsfrei* sind.

6.4 Arbeitsgerichtsbarkeit

Die Arbeitsgerichtsbarkeit ist ein eigenständiger Gerichtszweig, dem die Durchsetzung des Arbeitsrechts obliegt. Zwar gibt es für den Bereich des Arbeitsrechts viele Gesetze und andere allgemeine Regelungen, diese reichen jedoch nicht aus, um jedem Sachverhalt gerecht zu werden. Zudem fehlen zu einigen Punkten gesetzliche Regelungen; soziale Veränderungen unserer Gesellschaft vollziehen sich im Bereich des Arbeitsrechts mitunter so schnell, daß der Gesetzgeber dem Tempo dieser Entwicklung nicht immer gewachsen ist.

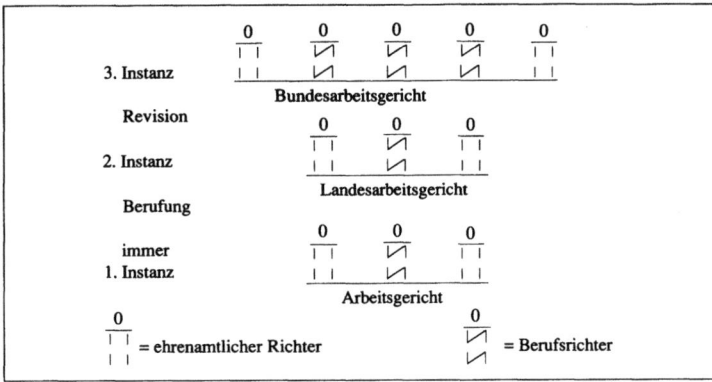

Abbildung 15: Aufbau der Arbeitsgerichtsbarkeit

Somit spielt die Arbeitsgerichtsbarkeit bei der Schließung gesetzlicher Lücken und bei der schrittweisen Weiterentwicklung des Arbeitsrechts (Rechtsfortbildung) eine bedeutende Rolle.

Der Aufbau der Arbeitsgerichtsbarkeit, deren Tätigkeit durch das *Arbeitsgerichtsgesetz geregelt ist, wird in obiger Abbildung wiedergegeben. Von den ehrenamtlichen Richtern sind jeweils einer der Arbeitgeber- und einer der Arbeitnehmerseite zuzuordnen.*

Literaturverzeichnis

Baumgarten, R.:
Führungsstile und Führungstechniken. Berlin/NewYork 1977.

Conradi, W.:
Personalentwicklung. Stuttgart 1983.

Eberbach, W.:
Arbeitsrecht. 2. Aufl., München 1984.

Feix, W.:
Personal 2000. Wiesbaden 1991.

Hentze, J.:
Personalwirtschaftslehre. Bd. 1 u. 2, 3. Aufl., Bern 1986.

Hentze, J./Brose, P.:
Personalführungslehre. Grundlagen, Führungsstile, Funktionen
und Theorien der Führung. Bern/Stuttgart 1986.

Jeserich, W./Comelli, W.:
Handbuch der Weiterbildung für die Praxis in Wirtschaft und
Verwaltung. Bd. 1–8, München/Wien 1982.

Marr, R./Stitzel, M.:
Personalwirtschaft. München 1979.

Pillat, R.:
Personalbedarf. 3. Aufl., Freiburg 1980.

Scholz, Ch.:
Personalmanagement. 3. Aufl., München 1993.

Wagner, D.:
Handbuch der Personalleitung. München 1992.

Zander, E.:
Handbuch der Gehaltsfestsetzung. 5. Aufl., München 1990.

Stichwortverzeichnis

Reihe Praxis der Unternehmensführung

G. Bähr/W. F. Fischer-
Winkelmann/R.Fraling u.a.
**Buchführung – Leitlinien
und Organisation**
114 S., ISBN 3-409-13968-0

J. Bussiek
**Buchführung – Technik und
Praxis**
100 S., ISBN 3-409-13978-8

J. Bussiek/R. Fraling/K. Hesse
**Unternehmensanalyse mit
Kennzahlen**
100 S., ISBN 3-409-13984-2

H. Dallmer/H. Kuhnle/J. Witt
Einführung in das Marketing
142 S., ISBN 3-409-13972-9

H. Diederich
**Grundlagen wirtschaftlichen
Handelns**
92 S., ISBN 3-409-13548-0

O. D. Dobbeck
Wettbewerb und Recht
108 S., ISBN 3-409-13966-4

U. Dornieden/F.-W. May/
H. Probst
Unternehmensfinanzierung
130 S., ISBN 3-409-13985-0

U.-P. Egger
**Kreditmanagement im
Unternehmen**
80 S., ISBN 3-409-13993-1

U.-P. Egger/P. Gronemeier
Existenzgründung
104 S., ISBN 3-409-18306-X

D. Glüder
**Förderprogramme
öffentlicher Banken**
120 S., ISBN 3-409-18987-7

W. Hilke
**Bilanzieren nach Handels-
und Steuerrecht**
Teil 1: 134 S.,
ISBN 3-409-13980-X
Teil 2: 160 S.,
ISBN 3-409-13981-8

D. Hofmann
**Planung und Durchführung
von Investitionen**
112 S., ISBN 3-409-13994-X

H. Hub
Betriebsorganisation
ca. 120 S., ISBN 3-409-18311-6

L. Irgel/H.-J. Klein/M. Kröner
Handelsrecht und
Gesellschaftsformen
122 S., ISBN 3-409-13965-6

G. Jeuschede
Führungskonzeptionen
ca. 100 S., ISBN 3-409-18312-4

T. Kaiser
Personalwirtschaft
84 S., ISBN 3-409-13996-6

S. Klamroth/R. Walter
Vertragsrecht
106 S., ISBN 3-409-13967-2

S. Kosbab u.a.
Wirtschaftsrechnen in
Unternehmen und Banken
ca. 280 S. (Doppelband),
ISBN 3-409-13553-7

A. Kretschmar
Angewandte
Betriebssoziologie
ca. 100 S., ISBN 3-409-18310-8

V. Kunst
Angewandte
Betriebspsychologie
ca. 80. S., ISBN 3-409-18309-4

J. Löffelholz
Grundlagen der
Produktionswirtschaft
84 S., ISBN 3-409-13990-7

J. Löffelholz
Kontrollieren und Steuern
mit Plankostenrechnung
72 S., ISBN 3-409-13991-5

J. Löffelholz
Lohn und Arbeitsentgelt
80 S., ISBN 3-409-13818-8

J. Löffelholz
Unternehmensformen und
Unternehmenszusammen-
schlüsse
68 S., ISBN 3-409-13989-3

H. Lohmeyer/L. Th. Jasper/
G. Kostka
Die Steuerpflicht des
Unternehmens
138 S., ISBN 3-409-13986-9

W. Pepels
Absatzwerbung und
Verkaufsförderung
ca. 120 S., ISBN 3-409-18313-2

D. Scharf
Grundzüge des betrieblichen
Rechnungswesens
110 S., ISBN 3-409-13988-5

D. Scharf
**Handelsrechtlicher Jahres-
abschluß**
124 S., ISBN 3-409-13914-1

T. Scherer
Markt und Preis
ca. 120 S., ISBN 3-409-18308-6

H. D. Torspecken/H. Lang
**Kostenrechnung und
Kalkulation**
152 S., ISBN 3-409-13969-9

H. J. Uhle
**Unternehmensformen und
ihre Besteuerung**
110 S., ISBN 3-409-13979-6

P. W. Weber/K. Liessmann/
E. Mayer
**Unternehmenserfolg durch
Controlling**
160 S., ISBN 3-409-13992-3

J. Witt
Absatzpolitik
ca. 120 S., ISBN 3-409-13895-1

If you have any concerns about our products,
you can contact us on
ProductSafety@springernature.com

In case Publisher is established outside the EU,
the EU authorized representative is:
Springer Nature Customer Service Center GmbH
Europaplatz 3, 69115 Heidelberg, Germany

Printed by Libri Plureos GmbH
in Hamburg, Germany